頭腦好的人說話前思考的事

頭のいい人が
話す前に考えていること

安達裕哉 著

只要讀過本書
任何人都能成為「頭腦好的人」。

小時候，你是否也曾被這樣要求：

「開口說話之前，先好好想一想。」

或者，曾被主管質疑：

「你有認真思考過了嗎？」

又或是在聽了部屬的話後覺得：

「這傢伙真的有用腦袋好好思考嗎？」

到底，所謂的「好好思考」，
具體來說是指什麼？
有人告訴過你嗎？
或者你有告訴過別人嗎……？

曾被要求
「先好好思考」的人，
請回想一下，
那時的你，
是否真的什麼也沒想？
應該不是。

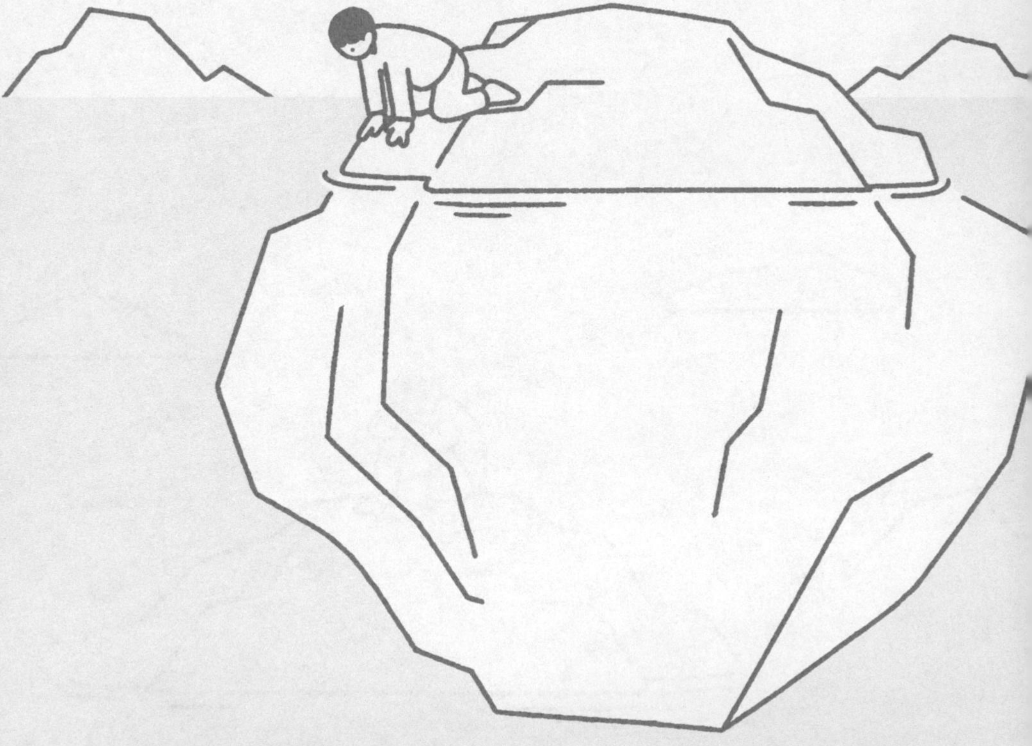

你可能已經用自己的方式思考過了。
有個說法——人類每天會思考大約一萬次左右。
毫無疑問地，正在閱讀這句話的你，
應該也思忖著許多事。

每個人隨時隨地都在思考。

儘管如此，卻還是產生了「有好好思考的人」
和「沒在思考的人」之別，
這是為什麼呢？

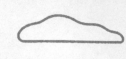

兩者的差異

並不在於思考的時間「長度」（量）。

舉例來說，

熬夜構思創意並不代表「已經好好思考過」。

重點應該在於創意的品質才對。

沒錯，「有好好思考的人」和「沒在思考的人」的差別，

不在於思考的量，而在於思考的「質」。

對於新進員工，大家或許會依據其思考的量來給予評價。
「拚命地想過了」可以被視為一種「討喜」的行為；
但那只適用於能以青春作為武器的年紀。
隨著年齡增長，光是「拚命地想過」並不足夠。

更何況今後，依據「量」來評價的思考方式，
很可能會輕易被AI給取代。

每個人都再也無法以量取勝，
必須以質取勝的時代即將到來。

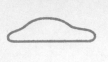

雖然也有人說「量終究會變成質」，
但可惜的是，思考並不會自動從量轉化為質。

單純地隨便想想，
永遠不會成為有「認真思考過」。

必須在某個時間點，
把一時的想法，
轉化為「優質的思維」才行。

而這個關鍵時間點，
就是在對人「開口說話之前」。

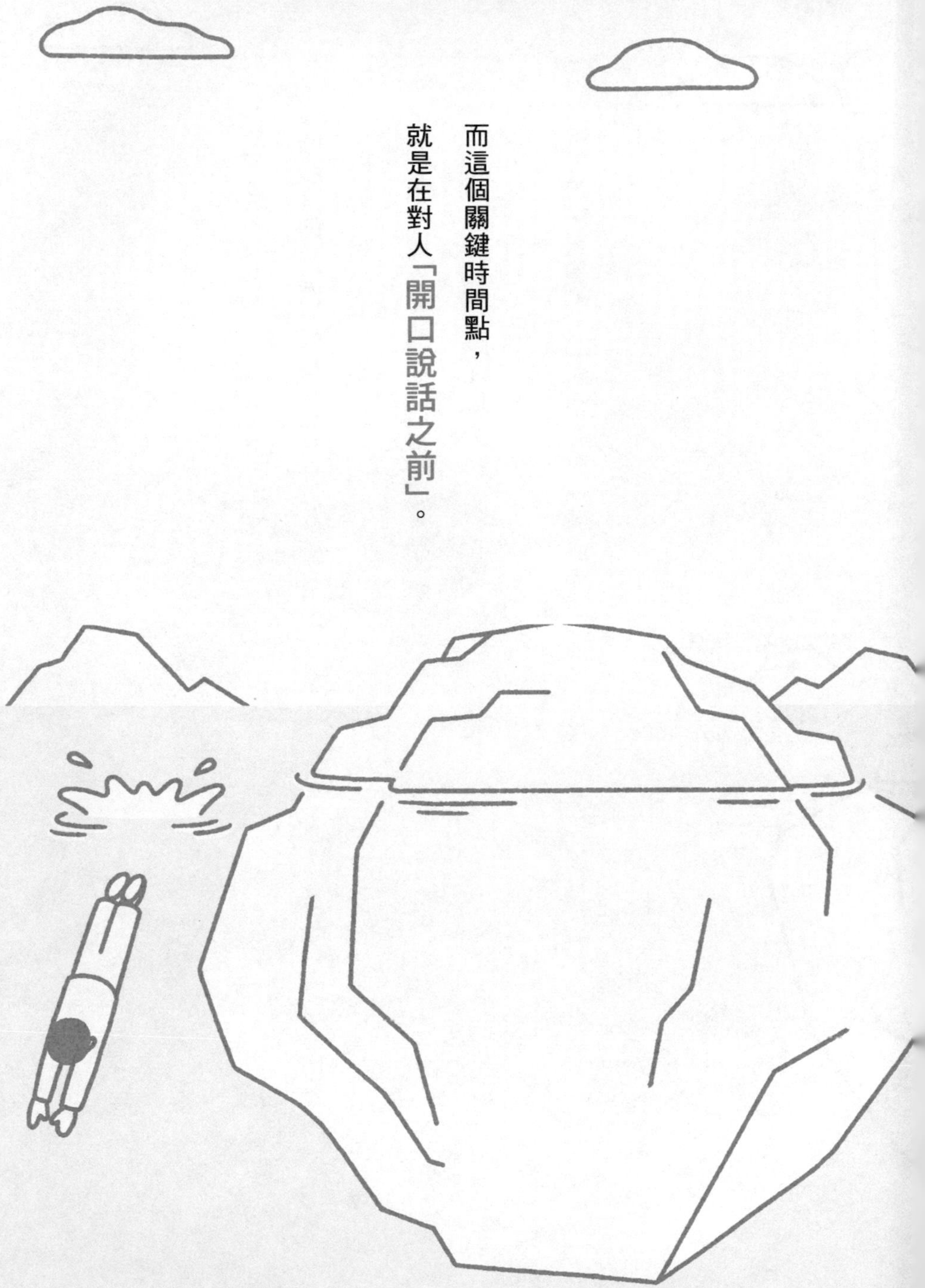

我將會說明——
「頭腦好的人開口前都在想些什麼？
又是如何好好地思考？」
藉此讓每個人都能提升自己的思考品質，
進而成為「頭腦好的人」。

本書的主題是——「智慧」與「溝通」。

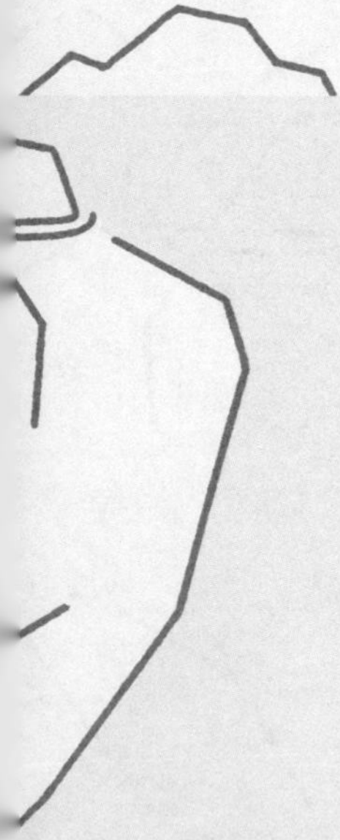

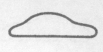

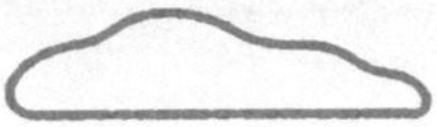

人類是思考的蘆葦。
我們無法單獨生存，
也必定會與他人有所牽連。
既然是社會性動物，
便無法避開這個課題。

曾被質疑「是否有認真思考過了」的人，
並不是沒在思考。

這些人只是不懂得，
如何提升思考的品質罷了。

其實只要在開口說話之前，
稍微發揮一下專注力，
就能夠提升思考的品質。

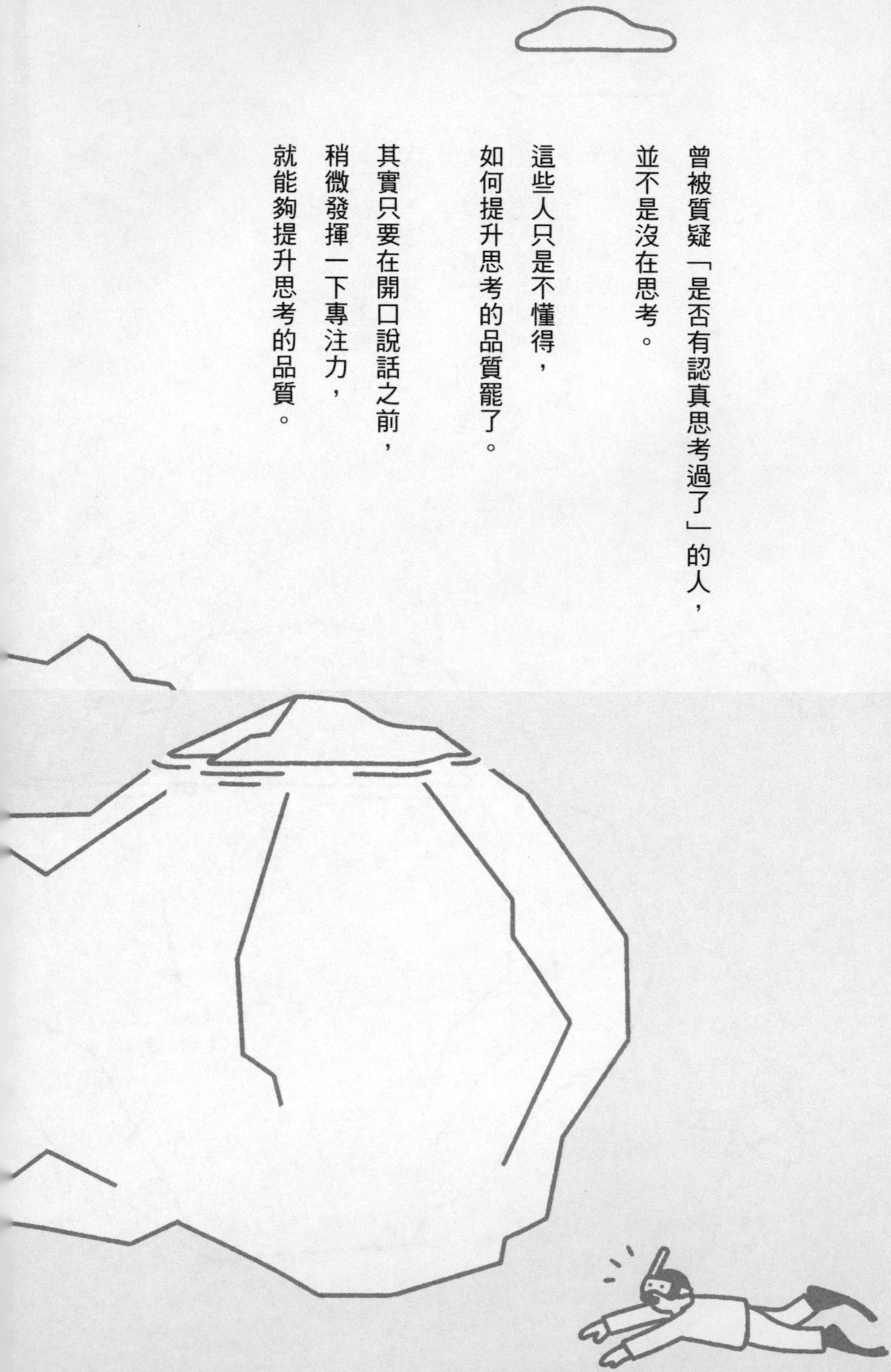

87×18＝？

只要有紙和筆，
幾乎人人都算得出這題的答案。
因為大家在小學時都學過如何算數。

「先好好思考過後再開口」也是一樣。
一旦學會其方法，
每個人都能加以運用，
一輩子都可以派上用場。

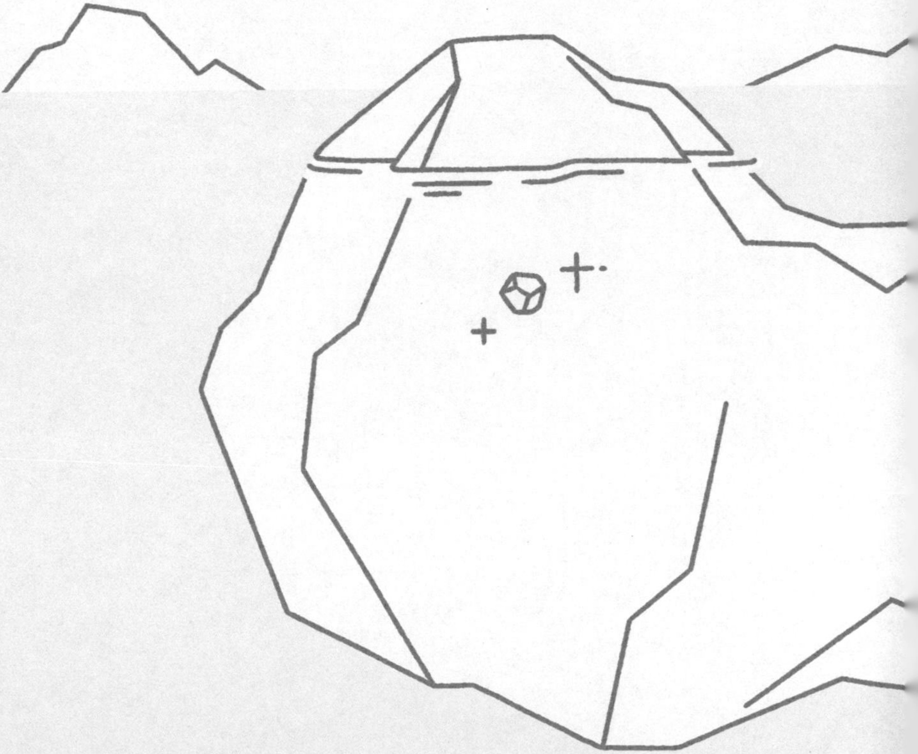

只不過，為此
你必須先停下腳步稍做思考。
就和解答剛剛的算數題，
必須先準備紙和筆一樣。

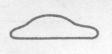

本書要傳授的是，
沒人會教你的智慧與溝通的——
「黃金法則」。

一旦學會此法則，
任何人都能提升思考的品質，
進而同時獲得智慧與信任。

每個人都隨時在思考。
你本來就具備思考的能力。
而關鍵在於，
開口說話前，先停下來的勇氣。

前言

這已經是二十二年前的事了。

在我加入全球最大規模的會計師事務所勤業衆信旗下的管理顧問公司——德勤管顧（現爲德碩管理諮詢公司）八個月時，於帝國飯店的會議室裡，客戶公司的老闆這麼對我說：「安達先生，你還好吧？」

這句話意味著——我是個失敗的顧問。

顧問的工作，就是要爲企業經營者提供建議，並且和客戶一起解決問題。但我那天的言行舉止卻帶給客戶焦慮，明明應該站在提供建議的立場，卻反而讓對方爲我擔心了起來。身爲一名顧問，這眞是太失敗了！

但也因爲聽到了這句話，自此，我的人生就有了重大的改變。

先和大家問候。

我是 Tinect 公司的負責人安達裕哉。

一般人聽到「進了顧問公司工作」，可能會覺得「這個人應該腦袋好，溝通能力又強」吧，但其實我根本就不是個腦袋好的人，溝通能力也普通。

國、高中時期，我書念得一點也不好，成績總是吊車尾。落榜後重考，好不容易才勉強進了大學，但在大學裡完全敵不過那些聰明人，只好放棄成爲學者的夢想。

而在溝通方面，還比念書更糟，我根本就是個嘴笨口拙、不善言辭的人。打從大學的研究發表前一週起，每當開始思考「該怎麼說才好」時，我就緊張到不行，甚至還嚴重到晚上睡不著覺。

腦袋不好，也不擅溝通。

再加上已放棄走上學術研究之路，因此說來丟臉，爲了歸還獎學金，我單純只是基於「薪水稍高一點」的理由，才選擇進入顧問公司工作。

而且，之所以進得了顧問公司，也只是因爲當時恰巧受惠於我的程式設計技能，而搭上了大規模雇用之下的便車罷了。

顧問這種工作，等於是擔任企業參謀的角色。也就是要傾聽老闆的煩惱，並與其一同解決組織的問題，是一種需要智慧與溝通能力的職業。

也因此，在進了公司之後，我吃了非常多苦頭。那可說是我自出生以來，第一次自發性努力學習的一段日子。我認眞地接受了培訓，也大量閱讀了許多書籍。

然後，卻在加入公司八個月時，有人對我說了一開頭的那句話。

從那時起，我便參與了設立專門針對中小企業的顧問部門，經歷大阪分公司總經理、東京分公司總經理等職務，進而於今日得以做爲公司經營者來領導團隊，並出版了幾本書籍。

既非聰明人、溝通能力也不強的我，爲何能夠變成這樣？我想是因爲自從進公司第一年被貼上失敗顧問的標籤後，我就徹底思考：**該怎麼做才能重新獲得他人的信任？**

我身爲顧問的職涯特色在於，不僅限於東京海上日動火災及日本生命、ＫＤＤＩ、帝國飯店等大家都熟知的知名上市企業，還包括了茅崎的漁夫、位於福井縣員工僅六名的清潔劑公司、炙手可熱的新創企業等，北從北海道，南達沖繩，我曾經面對並與日本各地超過三千家中小企業的經營者一起合作。

不論公司的規模大小，所有企業負責人的肩上都背負著決心。這並不容易，更何況其中還有許多性格獨特的人存在。

身爲一名顧問，從進公司的第一年開始，我就必須獲得致力於其專業超過三十年的企業老闆們的信賴。關於一個剛進公司才一年的年輕人，究竟是如何獲得擁有多年經驗的老闆們信賴這件事，本書稍後將循序漸進地說明。不過，在面對學歷、公司名稱、知名學者的管理理論都派不上用場的對象時，想成爲不被看扁、不是只會唸書的討厭鬼，更是讓人想要一起合作的人……要能像這樣被對方認可與信任，就必定要「在說話前先好好思考」。

結果，都是在開口之前就已經決定好的。

不論做簡報、談生意，還是向主管報告，甚至就連求婚也一樣。這是我畢業後進入顧問公司工作十二年，之後又經營一家公司長達十年所得到的結論。

把這二十二年來，從三千多家企業的老闆，以及聰明優秀的前輩顧問與主管們那兒得來的知識，整理成適用於任何時代、任何行業的所有人，其內容便成了這本各位手上的書。

✦光只是知道「聰明人在想什麼」並沒有意義

在將二十二年顧問工作所獲得的知識整理成書的過程中，我發現一件事，那就是不要把「頭腦好的人說話前都在想什麼」直接列出來。

雖說只要這麼做，便足以寫成一本書。但某天我突然意識到，光是知道「頭腦好的人在想什麼」並沒有意義。

就好像知道能言善道的人怎麼說話，並不會讓人變得能言善道。這或許能讓人說得出「能言善道者的說話方式」，但實際上，本人能否用那種方式說話，又是另一回事。

同樣地，光是知道聰明人的想法，也不等於學會了那樣的思考方式。那和充斥在網路上的書籍節錄及摘要影片，並沒有什麼不一樣；即使看了書籍摘要或影片，瞭解了書中內容，我想也幾乎沒人能因此就學會該書的內容。

所以，本書經過精心的編寫、設計（畢竟只有程式設計是我從學生時代開始就很擅長的技能），務必能讓讀者學到聰明人的知識，並立刻變身「頭腦好的人」。換言之，本書並非只是聰明人的想法摘要，而是眞正能讓各位成爲頭腦好的人的程式。

首先本書的一開始，Ｐａｒｔ１是意識篇。

其內容介紹的是在開口說話前，只要有意識到，便能帶來「智慧」與「信任」的七大黃金法則。一旦具備了這樣的意識，接著就可以進一步學習具體的思考方式。

因此，Ｐａｒｔ２便是讓人立刻變身聰明人的深化思考法。

這部分也可算是所謂的「改善方式」篇。

棒球也好，游泳也罷，如果方式不正確，再怎麼有天賦也無法把力氣充分傳遞給球或水。換句話說，儘管你原本就具備思考力，但由於不知道深入思考的方法（或思考的方式），就會導致別人看不出你是否「有好好思考過」。

本書以「不需反覆閱讀」為目標

本書希望藉由培養正確的意識與方法，讓任何人都能成爲聰明人。只不過，讀完後如果什麼都不做，好不容易改善的部分又會立刻回復原狀。

這時候，附在書中最前頁的「越講越聰明備忘單」就派上用場了。
雖然有些突然，但在此想問問各位，當被問到「你認爲好書的定義是什麼？」時，你會怎麼回答呢？我的回答是：「會讓人想一讀再讀的書。」

但在撰寫時，我並不打算讓讀者們反覆閱讀。本書反而是以不需反覆閱讀爲目標。當你讀完本書，請把「越講越聰明備忘單」剪下，並試著將其中的空格都填上。這張備忘單扮演了總結本書內容的角色。每次開口說話前，都請先暫停一下，試著想想備忘單上的事項。

藉由這種方式，從明天開始，你每次說話便都能夠越說越靈巧，越講越聰明。

話說，我進入顧問公司工作，透過習得所謂「好好思考」的能力之後，不僅因此在工作上獲得了更好的成果，還附帶了兩大變化。那就是：

・不再煩惱該怎麼說話。
・將人際關係上的摩擦降到了最低程度。

不論說話技巧變得多好，若是無法用自己的話語來表達，終究難以打動人心。

我認為在說話方式上，每個人都有適合自己的獨特風格。只要改變說話前的思考方式，便能自然地以符合自己的說話風格，流暢地表達出來。當我能用自己的言語來說話時，就再也不會煩惱該怎麼開口了。

由於能夠「好好思考」，又很清楚「該說什麼」，像大學時代研究發表前那樣睡不著覺的情況也不再發生了。

此外，人是感情的動物。

在開口前先好好思考，就能避免說出不必要的話。光是這點，便足以讓人際關係變得順暢許多。一旦人際關係的摩擦減少，就能騰出時間給更重要的事情，像是自己想做的事或陪伴家人等。

我認為，越是覺得自己不善溝通的人，越是該試著把注意力放在「好好思考」上，而不是一直想著要改變說話的方式。

那麼，事不宜遲，就讓我們開始吧。

先用一個問題來評估你在說話前的思考程度。

問題

「這件藍色的和這件白色的衣服，你覺得哪件好？」
約會時，兩人一起去購物，當對方問你這個問題，你會怎麼回答呢？

你會老實地直接回答藍色或白色嗎？

不會吧？這樣就能測出思考程度？

若你這麼想，請務必繼續閱讀下去以瞭解詳情。

成為聰明人的步驟
（本書的使用方式）

閱讀 Part 1
掌握七大黃金法則

▼

用 Part 2 徹底深化思考

▼

剪下「越講越聰明備忘單」，
並將空格填上

▼

在說話前回想
「越講越聰明備忘單」的內容

▼

任何人都能成為
聰明人

contents

法則2

你聽不聽明是由他人來決定的 50

法則3

不要假裝聰明，而是要聰明行事 66

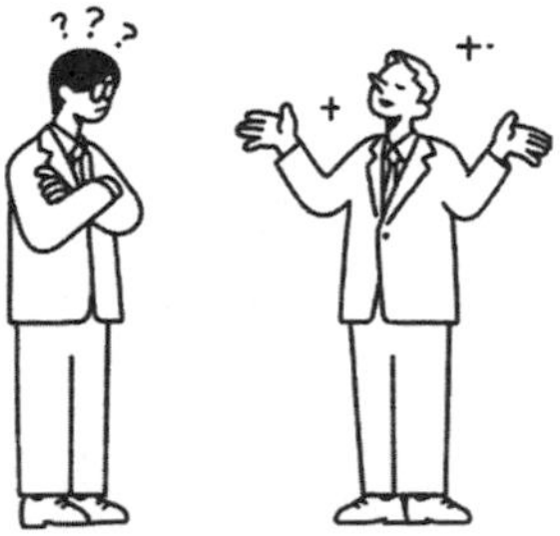

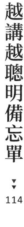

Part 2

可同時帶來「智慧」與「信任」的五個思考法

徹底變身聰明人的深化思考術

Part 1

頭腦好的人開口前都在想什麼

可同時帶來「智慧」與「信任」的七大黃金法則

法則 1

人在變得情緒激動的那一刻，就輸了

✦黑道電影裡會死的人的共通點

前幾天，我看了北野武導演的電影《極惡非道》。

請讓我先對那些沒看過電影的人簡單介紹一下。這是一部標榜「所有角色都是壞人」的黑道電影，整部電影從頭到尾一直在殺人，充滿了暴力與不合理，「有很多人死翹翹」。

這部電影我在看第一遍時沒注意到，但第二次看的時候就發現被殺掉的人有某些共通點。有看過這部電影的人請試著想想看。

> **問題 1**
> **在黑道電影《極惡非道》中被殺掉的人有什麼特徵？**

答案是——「情緒化的人」。

情緒化的人會死去，而冷靜的人會活下來。在電影中，情緒化的人被利用殆盡後，各個都被殺掉了。

雖說北野武導演在接受雜誌訪問時表示：「我秉持著用手槍的通常都會死的原

則」；不過，我從這部電影接收到的訊息則是：「人在變得情緒激動的那一刻，就輸了」。而這也是我在顧問工作裡學到的「最重要事項」之一。

✥失去冷靜的人的下場

這是我年輕時遇到的事。

那時我去觀摩了一家企業的改善活動。

雖說他們所謂的改善活動，就只是每個人輪流在經理面前發表「本週的報告與下週的目標」，但其中有一位管理高層卻對此活動有著異常的堅持。問題在於，其堅持的並非活動內容，而是針對「發表時的聲音大小」。

而員工之中難免有些人不擅長在眾人面前說話，聲音就是比較小。或者，也有些人發表時表現得沒那麼有自信。對於這樣的員工，那位管理高層都會大聲斥喝「聲音太小！」並要求重講一遍。

老實說，這種情景看起來並不是那麼令人愉快，但我畢竟是外人，而這又是經營者所允許的，所以我也沒理由阻止。

然而有一次，有位踩到該管理高層地雷的新人在大家面前「被嚴厲斥責」時，另一位看不下去的主管大聲制止了，他說：「你夠了沒！」此時，場面立刻凍結，不過那位管理高層卻道歉說「抱歉我講得太過火了」，讓事情姑且告一段落。

但在那次事件之後，是由老闆居中協調，才成功讓該主管與管理高層雙方和解。對於大聲制止的主管的說法，老闆表現出理解的態度，進而促使那位管理高層反省「做得太過火，可能不符合最初的目的」。

不過，老闆也對該主管說了以下這段話：**「怎麼會失去冷靜？這樣是無法擔任主管職務的。」**老闆說得對。雖然他只是在保護新人，卻也在那次事件之後，其他員工看待這位主管的眼光就變得不太一樣。

而且不幸的是，那不是讚許的眼光，而是冷眼。大家都認爲「這個主管（和那個管理高層一樣）理智斷線了」。

我們可以推測，這位主管是基於正義感而採取了那樣的行動，因爲不忍心看「弱者」被當衆辱罵的關係。此外，他也可能之前就一直覺得「這種改善活動根本是浪費力氣」。但對於「理智斷線的人」，不論其理由爲何，大家都不想靠近。

✥生氣的時候人會變笨

英國薩塞克斯大學教授兼心理學家斯圖爾特・薩瑟蘭在其著作《非理性：內在的敵人》（暫譯）中寫到：

一旦陷入憤怒或恐懼等強烈情緒中，人就容易出現愚蠢的行為。

也就是說，每個人在生氣的時候都會變笨。盛怒下所做出的判斷，基本上都該視爲錯誤的判斷。被主管斥責時、被同事認爲無能時、在衆人面前被羞辱時……在這些情況下，幾乎沒人能做出良好的判斷。實際上，我看過了太多跟主管吵架後在氣頭上辭職，但事後才後悔的人。

聰明人深知「理智斷線」與「情緒化」會帶來多大的損失。當然，聰明人也會有情緒化的時候。但聰明人情緒化時，不會立刻做出反應，而是會控制情緒，他們知道冷靜思考才有好處，所以便養成了這樣的技能。換言之，所謂「在說話前先好好思考」，也可說是「**能夠冷靜下來，不任由情緒做出反應**」。

避免理智斷線的兩種技巧

那麼，怎麼做才能避免理智斷線並保持冷靜呢？有以下兩個重點。

①不要立刻開口。

②思考對方可能會有的幾種反應，加以檢討比較。

於二〇〇二年榮獲諾貝爾經濟學獎的行爲經濟學家丹尼爾・康納曼在其著作《快思慢想》中提到，人類的思考分成「快思考」（系統一）和「慢思考」（系統二）兩種。

簡單來說，「快思考」（系統一）就是所謂直覺式的思考，而「慢思考」（系統二）則是指邏輯性的思維。康納曼表示，基本上人類大多是以「快思考」（系統一）爲優先。

也就是說，如果立刻開口，便會落入「快思考」（系統一）的直覺式情緒性發言，因此，**必須在開口之前，比較自身發言可能會導致對方出現的幾種反應情境，藉此讓「慢思考」（系統二）發揮作用**。康納曼把這種考量多種情況之後，再決定行動的做法，稱爲「平行評估」。

而本書要傳達的「在說話前先好好思考」這件事，其實就是康納曼所說的如何能在行動之前進行「慢思考」（系統二），而不要落入「快思考」（系統一）之中。

舉個例子來說明。就像前面案例提過的，假設有個新人在你眼前遭受到不合理的責罵，令你感到憤怒。這時，若是立刻開口反映，你恐怕就會和前述的那位主管一樣，因爲被情緒壓過理智而做出「大聲怒嗆管理高層」這種不利的選擇。

而「不立刻開口」，便能創造出思考的空間。本書接下來便要說明，這時該思考些什麼。不過，康納曼所說的考量多種情況，並不只是想像「這時若是大聲怒嗆的話，事情會如何發展？」而已。

他所說的考量各種情況，也包括試著想出如下的多種不同辦法，像是：

- 能否讓被罵的新人暫時到別處躲一下？
- 能否將管理高層的注意力轉移至他處？

而在評估各種選擇的過程中，憤怒便會平息。雖說考量多種情況是爲了「找出實際上最好的辦法」，但同時也是爲了「爭取時間讓自己冷靜下來」。

爭取時間以避免犯蠢

「憤怒管理」是一種由美國開發、可有效處理憤怒情緒的心理訓練。日本憤怒管理協會的理事——戶田久美小姐在其著作《憤怒管理》（暫譯）中如此寫到，「儘管關於這部分有各種不同的理論存在，但據說從憤怒產生到理性開始發揮作用，需要六秒鐘的時間」。

此外，身爲自然科學研究機構生理學研究所教授，同時也是醫學博士的柿木隆介先生，在日經新聞所營運的健康醫療資訊網站「日經Gooday」的訪談中，也曾經做出這樣的回答：

控制憤怒等各種情緒的功能及理性的判斷、邏輯性的思考與溝通等，是在位於大腦新皮質中名為「額葉」的地方進行運作。（中略）一般認為額葉需要三到五秒

左右的時間才會真正開始發揮作用。所以當你感到「不爽」或「惱怒」時，請先等個六秒鐘。

換言之，人生氣的時候，就是變笨的時候。而冷靜下來恢復思考力，亦即要讓腦袋重新回到聰明的狀態，需要六秒鐘的時間。

現在回想起來，顧問業的前輩也曾經苦口婆心地一再叮嚀我「一定要考量多種不同的選擇和情況」。

不只是在生氣的時候，即使事情進展順利，聰明人也能夠冷靜地思考各種狀況，像是：是否有風險？是否忽略了些什麼？**越是聰明的人，對情緒化的自己就越有自覺，越能夠保持冷靜。**

當然，我並不是要你忽略情緒。

相反地，能夠知道自己的眞實感受，知道自己喜歡什麼、討厭什麼，能夠掌握內心的情感，能夠幫助我們擁有富足的生活。

但正所謂「禍從口出」，說話前還是該要特別小心才行。畢竟有時，有些話一旦說出口便無法挽回。越是有脫口而出的衝動時，就越要把嘴閉緊。「總之不要立刻反應」正是關鍵所在。

黃金法則 1

總之不要立刻反應。

法則 2

你聽不聽明
是由他人來決定的

何謂「聰明」？

本書是以能讓任何人立刻變身「頭腦好的人」爲目標所撰寫。

「算了吧，人哪有可能突然就變聰明！」一定有人會這麼想。若是把所謂的聰明想成是IQ或學力的話，會這麼想也是非常合理的，但就算學歷好、IQ高，也不見得工作就做得好、值得信賴。這情況應該不難想像。

那麼，到底什麼是聰明？

邏輯性思維、腦筋轉得快、知識量、分析力、教養、掌握本質的能力、抽象化能力、能夠掌握要領、詞彙力、預測未來的能力……毫無疑問地，這些都是構成聰明的要素之一。

然而，有知識、具備詞彙力、具有邏輯性，就是「頭腦好的人」嗎？

讓我們換個角度來想想。**一個人聰不聰明，到底是由「誰」來決定的呢？**

肯定不是「自己」。自己決定自己「很聰明」，感覺不像是聰明人會做的事。聰明人應該不會說：「我很聰明！」

如果聰不聰明並非問自己，那要問誰才對呢？沒錯，要問他人。

✦聰明並無明確標準，但不聰明將會無法生存

學生時代，有所謂「偏差值[1]」這種簡單易懂的指標存在。

然而，一旦出社會，該指標就消失不見了。你不會因為模擬考的偏差值有七十就被視為「頭腦好的人」，也沒有測量聰明度的考試存在。

重要的是——將工作往前推進，並做出成果的能力。

話雖如此，並不是「聰明」再也不具任何必要性。

什麼都不想、任何人只要不顧一切地拚命工作就能得到幸福的時代，在泡沫經濟崩壞後已過了三十年的今日，早已徹底成為過去式。在現在絕大多數的職業中，聰明才智與成果都呈現正相關。

那麼，在聰明與否並無明確標準的社會上，怎樣才叫「頭腦好的人」呢？

頭腦好的人就是被周圍的人認爲「聰明」的人。**當有越多人認為某個人很聰明，那個人實際上就是「聰明人」**。

有些人或許會覺得這樣的想法怪怪的。

要跟很多人互動、重視溝通的職業也就算了，如果連靠創意決勝負的職業，或是一個人孜孜矻矻、不斷努力的研究工作，也都說成是由他人來決定聰明與否的話，似乎有點太過牽強。畢竟不顧周遭反對，一心相信自己並持續前進的態度，有時確實也是一樁美事。

然而，有知識巨人之稱的管理學家彼得・杜拉克在其著作《杜拉克談高效能的5個習慣》中便明確指出：

擁有知識的人有責任要努力被他人所理解。外行人應該要努力理解專業，或者

1 以特定計算方式求得之數值，與成績排名相關，通常用於衡量日本學生升學時的分數排名。偏差值越高，則表示個人排名越前面。

一旦出了社會，聰明與否的標準就改變了。

專業人士只要能和專業之人溝通即可之類的說法，不過是粗鄙的傲慢。

雖然有些人認爲「自己的想法之所以不被理解，是對方缺乏理解能力的關係」，但杜拉克卻否定了這種觀念。

此外，我想絕大多數人都認爲獲得諾貝爾獎的人是「聰明人」。儘管諾貝爾獎的評選標準並未公開，但其實諾貝爾獎的定義是「要頒發給爲人類帶來最大貢獻的人們」。也就是說，其評價標準在於：對於除了自己以外的他人做出多大的貢獻。

✣在無人的山裡若有樹倒下，會發出聲音嗎？

「人的聰明與否取決於他人的認知」這個觀點非常重要。因爲這很接近現代最重要的智力之一——溝通能力的本質。而對於溝通能力，杜拉克是這麼說的：

在佛教禪宗的僧侶、伊斯蘭教的蘇菲派教徒、研究猶太教典籍《塔木德》的拉比等神祕主義的討論中，都有「在無人的山裡當樹木倒下，會發出聲音嗎？」這一問題。今日的我們都知道，答案是否定的。聲波固然會產生，但若沒有能感受到聲音的生物存在，就等於沒有聲音。聲音是透過被感知而成為聲音。這裡的聲音，就是溝通。這不是什麼新奇的答案，神祕主義者們也都知道。他們的答案是「如果沒人聽到，那就是沒有聲音」。

這古老的答案，在今日卻具有重要的意義。

使溝通得以成立的，是接收者，而不是發送內容的人（傳遞者）。傳遞者只有發送而已，若是沒人在聽，溝通就不成立。只剩無意義的聲波存在。

——摘自《經理人的實務》

溝通的主體不是自己，而是對方。說得更誇張點，即使想到再棒的點子，如果不告訴別人，這個點子就等於不存在。

以聰明與否是由他人決定爲前提，能意識到「別人怎麼想」才是有智慧而受愛戴者所具有的思維基礎，也是提高思考品質的最重要元素。

越是覺得「我的企劃都過不了」、「我想說的沒人懂」、「周圍的人不認同我」的人，往往都忽略了這個觀點。

因此，本書才會強調，聰明與否是由他人決定的。所謂頭腦好的人，不是指自我滿足的那種人，而是「被周圍的人認知爲聰明」的人。

✦「就生存而言最重要的智力」，是指什麼？

當然，這並不是說能用偏差值測量的學力或邏輯性思維等都不重要。

聰明可大致分爲兩種。

你知道相對於IQ，還有所謂的SQ（Social Intelligence Quotient）嗎？

SQ就是社會智力，這是由美國的心理學家丹尼爾・高曼所提出，指的是對人類而言最重要的一種「聰明」能力。

高曼曾提出EQ的概念。它也被稱做「情緒智商」或「情感指數」。而將此觀念再做進一步的延伸，而成了「SQ＝社會智力」。高曼把SQ定義為**「在與他人的關係上發揮出高智商的能力」**。

回想我在顧問公司所學到的那些，就是所謂的「社會智力」。這點在社會上相當必要，尤其在找工作時更是特別需要「溝通能力」，還有顧問工作所重視的「聰明伶俐」，也都能以社會智力來概括。

在本書中，我將聰明分為學校智力和社會智力兩種。

學校智力是指能用數值測量的如：IQ或記憶力、學力等，你可以想成是能夠獨自完成的能力。而社會智力，簡言之，就是**能夠察覺他人的想法、獲得他人信賴、感動他人的能力**。

有趣的是，昆士蘭大學的心理學教授威廉・馮・希伯在其著作《社會大躍進：人類為何愛吹牛、會說謊、喜歡聊八卦？從演化心理瞭解我們是誰，什麼會讓我們感到幸福快樂》中寫到：「社會智力才是真正有智慧的力量，IQ之類的邏輯能力不是智慧的本

聰明有兩種

學校智力

IQ或偏差值、邏輯性思維、記憶力等可用數值或考試測量的能力。

社會智力

無法用數值或考試測量。能夠察覺他人的想法、獲得信賴、感動他人的能力。

質，而是副產品[2]」。

聰明人的深化思考法

這和行銷的思維非常類似。

彼得・杜拉克將「行銷」和「創新」視爲企業最重要的功能，其中，行銷對所有參與商業活動的人來說都必不可少，而其定義爲「從顧客的需求出發」。換言之，這樣的思維其實就是社會智力的一種。

那麼，怎樣才能培養出這種「行銷思維」呢？是要買一大堆行銷相關書籍來拚命閱讀嗎？當然，透過書籍來學習固然重要，但更關鍵的是，要能夠在日常生活中「依據對方的需求來思考」。也就是說，平常就要經常想像：「對方需要些什麼？」不知道坐在自己身邊的人需要什麼的話，在工作上肯定也很難想像眼前的顧客需要什麼。

我自己目前就在經營一家行銷公司，但老實說，以前剛成爲顧問的時候，即使讀了專業的行銷書籍，也讀不出個所以然來。當時「感覺自己好像懂了」，可是現在回想起來，才發現自己完全沒搞懂。

我是在累積了三年左右的顧問經驗後，隨手拿起家中書架上的行銷書籍翻閱時，才眞正理解箇中道理和有趣之處。甚至還有點居高臨下地覺得：「這作者的說明還挺清楚易懂的嘛～把我的想法都說出來了呢。」這與還是新人時的閱讀體驗大不相同，就像是證實了自身根據經驗所形成的看法。

在實踐之前，買一大堆專業行銷書籍來研讀，是一種充分發揮學校智力的行爲。高

2 是指在生產主要產品的過程中，附帶生產出的非主要產品。

學歷的人往往很擅長發揮這樣的學校智力。但在工作上，一邊實踐的同時，一邊發揮在與他人的互動上的則是社會智力。而真正聰明的人，經常會在學校智力與社會智力之間往返切換。

學生時代的學習，是透過教科書學習後，接受考試的學力測驗，而得到數值化的結果。但學校並不會教你學到的東西要如何應用在社會上。也就是說，培養了學校智力後，出社會還要再培養社會智力。

不過，活躍於社會的人往往會逆向學習。這種人在培養了社會智力後，會以學校智力來加強與學習。然後就如剛剛所說的，他們能夠在社會智力與學校智力之間往返切換，進一步深化思考。

本書所介紹的讓人立刻變聰明的方法，也是採取與學校學習相反的順序。

「在與他人溝通的過程中培養智慧」，請先記住這點，再繼續閱讀下去。

與價值觀不同的人分享想法時，說話必須要有邏輯

邏輯性思維為何重要？

大家都說，在工作上，邏輯性思維是非常重要的技能。

那麼，爲何邏輯性的思維如此重要呢？因爲，**要與立場及價值觀不同的人分享想法時，必須具備邏輯性思維。**

請回想一下和興趣及價值觀都相似的朋友交談時的狀況。

「那個，眞的很棒呢！」

「嗯，那部分眞是超讚的！」

「對啊，就是那個地方～」

就像這樣，即使對話不合邏輯，也

能彼此理解。

不過，和價值觀不同的人說話時，這樣卻是行不通的，因爲對方會覺得「那個到底是哪個？」因此，說話必須要有邏輯才行。

雖說只和以「那個，眞的很棒呢！」的說話方式就能溝通的朋友相處也是一種人生形式，但與許多價值觀不同的人們溝通並分享想法，也能帶來快樂。更何況在實務工作上，「那個，眞的很棒呢！」的溝通方式終究是行不通的。

面對思維不同的人，要如何傳達自己的想法呢？

在思考這件事時，亦即想像別人是怎麼想的時候，人便會試圖用有邏輯的方式來組織自己的說話內容。像是簡短地做出結論、把理由清楚易懂地分成幾類等等，這些都是不錯的方法。

站在對方的立場思考，就會輕鬆很多

每當提到「聰明與否是由他人決定」這個觀點時，便會有人說：「我想要做自己，不去在意他人的眼光」。

近年來，「自我肯定感」一詞廣泛流傳，「人要活出自己」的想法也備受重視。此外，也有心理諮商的相關書籍提到，為了提高自我肯定感，必須以自己為軸心來思考，而不能以他人為軸心。甚至，你還可能曾在一些短文中讀到「無法尊重自己的人，也無法尊重他人」之類的訊息。

對於這類想法，我完全沒打算反對。尤其對精神狀態不佳的人來說，積極地休息、照顧自己眞的非常重要。

但我認為，正因為現今社會普遍重視「自己的想法」，故以「聰明與否是由他人決定」為前提來思考的做法，更能夠發揮效果。若是能徹底養成站在對方立場思考的習慣，進而成為「聰明人」的話，就會輕鬆許多。

至今為止，我已經看過許多在組織中儘管很優秀，卻因過度堅持己見，想強硬地推動自己想做的事而不幸垮台的例子。

正因為這是一個人人都以自己的想法為優先的時代，所以才更要站在對方的立場，當個聰明人。任誰都會想聽聽聰明人的意見。聰明人推薦的，大家都想要。**一旦被認為**

是聰明人，不論想做什麼也都比較容易成功。

有的人拚了命地做簡報，企劃依舊過不了；但也有人只是簡單地說明一下，便能順利推動事情的進展。其差別就在於，這個人是否被周遭的人認爲是「聰明的」。那種信賴感，事關重大。

不過，雖說要站在對方的立場思考，但也不是一直都非得這樣不可。只要在開口說話前這麼做就行了。平常，你依然可以重視自己的感受，默默地想著自己喜歡的事。只要在開口說話前，以「聰明與否是由他人決定」爲前提，來提高思考的品質就夠了。

「聰明與否是由他人決定」可說是身爲社會性動物的我們人類爲了要活出自己，而必不可少的重要思維呢。

黃金法則 2

聽不聽明，是由他人所決定的。

法則3

不要假裝聰明，而是要聰明行事

為何剛進顧問公司第一年，能給專業經驗長達三十年的老闆建議？

正如我在〈前言〉中提過的，二十二年前，我的言行舉止總是令客戶焦慮不安，以致於讓客戶說出了代表我顧問工作做得很失敗的一句話。

從那天起，我便拚了命地想方設法贏回客戶的信賴。像是：該怎麼跟客戶說話？該如何表現才好？該怎麼處理客戶的煩惱？說起來，這其實就是在培養「聰明的表現」。

「欸？所以是在假裝聰明囉？」聽到「聰明與否是由他人決定」、「聰明的表現」時，有些人確實會這麼想。

既然是由對方來決定自己聰不聰明，那麼，爲了讓對方覺得自己聰明，也難怪有些人會覺得必須要假裝聰明才行。但實際上卻完全相反。

聰明人根本不需要假裝聰明。

假裝聰明，和眞正聰明的人的表現恰恰相反。

乍聽似乎言之有物，但其實什麼也沒說的人

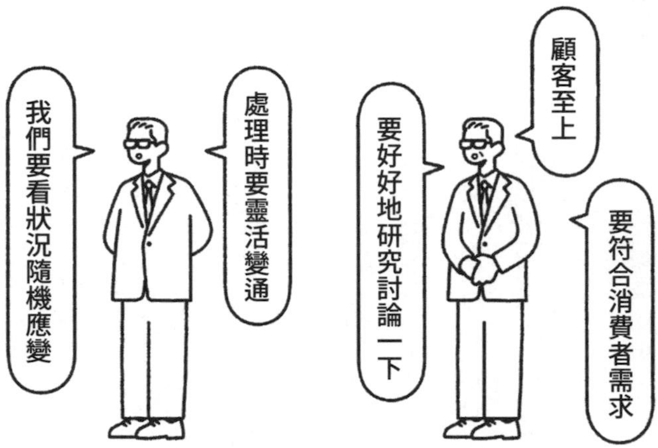

假裝聰明無法打動人心

總是「乍聽似乎言之有物，但其實什麼也沒說」的人，就是「假裝聰明」最具代表性的例子。你身邊是否也有這樣的人呢？

例如在討論新產品的具體構想時，說著：「我們應該要掌握使用者的需求，然後採取合適的策略。」這話聽來很正確，但實際上並沒有提出任何構想。或是接到了客訴而討論該怎麼處理時，說：「要認真想想對顧客來說什麼是最重要的。」像這樣的建議也是雖然正確但毫無內容可言。

另外，還有只會說「到底怎樣比較好還是取決於目的」、「需要好好討論」的人，以及說「再研究看看」但什麼也不做的人。

諸如此類的發言本身並沒有錯。但實際上毫無內容的「假裝聰明」雖能敷衍一時，卻無法打動人心。如果總是說這種話，往後就再也不會有人聽你的了。

開會時請率先發言

某次會議中，在所有與會者都報告過一輪後，主持會議的部門經理開了口。

各位有什麼想法嗎？有想法的人請提出來。

經過一陣短暫的沉默後，有一位二十多歲的年輕員工舉手發言。

請讓我來說說自己的意見。關於這項服務，我認爲目前銷售不佳的原因在於「廣告標語」。（中略）我建議把廣告標語改成如下這樣。

接著他便展示了他自己想出來的廣告標語。但他所想的標語，就算只是客套也很難讓人稱讚得出口。

於是立刻就有其他員工出聲「問題不在於廣告標語吧，問題在價格」、「我也覺得問題可能是在廣告標語沒錯，但你這個標語……」等等，一連串的質疑與批評隨之而來。提出意見的年輕員工顯得有些沮喪。

這時，部門經理說話了。

你提出的意見非常好。這點我都沒注意到。把這加進討論事項裡吧。

之後，除了「廣告標語」外，該會議還廣泛討論了價格設定、重新定位市場、銷售方法等部分，統整出了新的策略後，才終於結束會議。

後來，我問那位部門經理：「您爲什麼說那個廣告標語是『很好的意見』呢？」結果部門經理這樣回答我。

安達先生，任何工作都是「第一個提出構想的人」最了不起。批評這種事誰都會，但「第一個提出構想」除了要有勇氣之外，更重要的是還必須拚命研究，以免被大家取笑。所以在工作上，尊重第一個提出構想的人是理所當然的。

我恍然大悟。

即使率先發言的那位年輕人提出的廣告標語很拙劣，但他的發言活化了會議，創造了一個契機，讓會議最終得以產出新的策略。而這正是聰明的表現。

如果是想假裝聰明，應該會判斷與其第一個發言，不如先聽聽別人怎麼說再開口會比較好。就像批評年輕人提出的廣告標語的那些人。

但獲得好評的，其實是第一個發言的年輕人。

因此，所謂聰明的表現並非在於假裝聰明。

產生「信任」的那一刻

加入公司八個月時被說「安達先生，你還好吧？」這句話後，過了約莫半年，該專案劃下句點。很幸運地，客戶依舊願意續約，那位老闆甚至還口頭表示了感謝之意。我與該老闆之間的業務關係在此之後繼續延續，我又做了好幾年的參謀角色。

那麼，爲何剛出社會第一年的小伙子，能夠擔任有三十年專業經驗的老闆的參謀呢？首先，那位老闆的心情可能有了如下的轉變。

「眞的可以交給這個人嗎？」（他能好好思考嗎？）

↓

「眞是優秀。」（他確實有在好好思考呢。）

不過，光是讓對方覺得「眞是優秀」，就會繼續把工作交辦給你嗎？要持續獲得工作並建立長期的關係，必須要有信任才行。而光靠「優秀」並不足以產生信任。也就是說，若單純只是「聰明」，也有可能僅止於聰明而未能獲得成果。

產生信任那一刻的心情是這樣的——**「這個人，真的有在替我們著想。」**當對方有了這樣的心情時，便會產生信任，進而建立起長期的關係。

以房仲業務為例。

「這個人是為了達到自己的業績目標，而試圖推銷房子給我。」

一旦看穿業務員的企圖，你還會想跟他買房子嗎？這個人或許聰明，但你應該會覺得這個人真的有在替我設想嗎？應該會對他產生懷疑而非信任才對。

相反地，「這個人，真的有在替我設想。」一旦發自內心這麼覺得時，就會想跟他買房子，甚至下一次要換屋時，也會想再拜託他幫忙處理，不是嗎？

不只是在商業往來方面，即使是私生活，想必多數人也都希望能跟自己覺得「真的有在替我著想」的人建立長期關係。

本書所要傳授的，正是從「你還好吧？」，並超越「有好好思考」，達到讓人覺得「你真的有在替我著想」而能夠打動對方、重新獲得信任的方法。

✦該怎麼回答「你覺得如何？」

久等了。現在我來公布〈前言〉中那個問題的答案。

問題 2 「這件藍色的和這件白色的衣服，你覺得哪件好？」約會時，兩人一起去購物，當對方問你這個問題，你會怎麼回答呢？

這是我陪太太購物時，經常被她問的問題。

我想被另一半逼迫做出選擇是很常見的情況。

一開始，我什麼都沒想，就直覺給出了「我覺得白的好」這類答案。因爲我就喜歡那個顏色嘛。結果，不知爲何老婆就變得有點不高興。

或許有些人已經猜到原因，難道被問到「你覺得哪個好」時，不能老實回答自己眞實的想法嗎？在這種突如其來的狀況下，有沒有用腦袋思考，就會產生「有好好思考的人」和「沒在思考的人」之別。

例如，和主管開會或是和客戶會談時，如果突然被問到「你覺得如何」的話，你會怎麼回答？這樣的狀況，正是所謂智慧就顯露在隨意談話時某個意料之外的瞬間。

好了，讓我們言歸正傳。

到底該如何回答「這件藍色的和這件白色的衣服，你覺得哪件好？」

最恰當的答案是：「你覺得白色和藍色各自有何優點呢？」

如果照過去那樣，直接回答「白的好」，我和老婆間的互動對話就會像以下這樣。

這件藍色的和這件白色的衣服，你覺得哪件好？

嗯～我覺得白色的挺好。

這樣啊……嗯……

回答「兩種顏色都很適合你啊！」可能也不錯。

這件藍色的和這件白色的衣服，你覺得哪件好？

兩種顏色都很適合你啊！

嗯嗯。謝謝……

而若是回答「你覺得白色和藍色各自有何優點呢？」，則互動對話可能會像這樣。

這件藍色的和這件白色的衣服，你覺得哪件好？

你覺得白色和藍色各自有何優點呢？

我喜歡藍色這件的設計，但又覺得那件白色的似乎很適合下次旅行時穿……

那老實說，你覺得哪件比較好？

我喜歡藍色這件……

你下次要去的地方，我想穿藍色的去應該不錯，畢竟很多地方穿藍色都很合適啊。

有道理耶，謝謝！

有一次，我問我老婆，為什麼我直接回答「自己喜歡的顏色」時，她顯得不太高興。她的答案是「因爲我覺得你沒有眞的在替我想」。

在私生活中也是一樣的。不論朋友還是情人，一旦對方有了「這個人眞的有在爲我著想」的心情時，應該就會想要再次跟你說話。

這一刻，我感覺到擔任顧問工作所培養出的溝通能力（社會智力），對私生活也很有幫助呢。

另外補充一下，有些人在面對「這件藍色的和這件白色的衣服，你覺得哪件好？」這種問題時，會試圖炫耀自己的知識，談起諸如「最近的流行趨勢……」之類的話。

我想各位應該都已經知道了，這正是一種「假裝聰明」的行爲。

黃金法則3

人會信任確實有在為自己著想的人。

法則 4

聰明的人不會駁倒對方

總是想駁倒他人的人，可能會被討厭

近年來，「駁倒」一詞開始流行了起來。

這想必也是受到電視或網路上許多所謂駁倒秀之類的節目影響，裡面常常出現「好了，你被駁倒了」等流行語。

然而，總是想駁倒他人的人，絕對稱不上是聰明人。

因為就算你成功駁倒了對方，別說是獲得信任了，還很可能會被討厭。並不是有邏輯地說服對方，就能讓人採取行動。

電視節目的目的，不是要透過討論來找出好的解決方案，它終究只是一種表演，其目的是要讓觀衆看到有如職業摔角般的激烈爭辯。受到這種節目的影響，而在與人討論時總想著要駁倒對方，就跟受到職業摔角的影響而在私生活中突然就想使出摔角招式是一樣的。

如果是好朋友，或許可以當成是互相惡整嬉鬧一番，無傷大雅；但在工作上這麼做，就只會被人看不起而已。

聰明人絕不會試圖駁倒對方。即使辯論，也不計較輸贏，他們在意的是討論要有所進展，工作必須要有進度。

身爲一名顧問，我也被灌輸了這樣的觀念。**別和人爭鬥，要和問題搏鬥。**

擅長處理客訴的人有何特徵？

有些人主張「從處理客訴就能看出一個人的工作能力如何」，而我恰巧也認識一個抱持此看法的人。

據這位仁兄表示，他曾在家具店擔任正職員工，由於處理客訴和銷量並沒有直接相關，於是很多人都會逃避而不去面對。正因如此，擅長處理客訴的人即使只是兼職，也能備受主管信賴而升官加薪、出人頭地。

某天，就在即將打烊時，有人打電話來店裡。

我買的櫥櫃剛剛送到了，但抽屜底部有個小刮痕，你們現在馬上就換一個給我！

語氣聽起來相當生氣，而且據說送貨員的態度也很差。

可是查了櫥櫃的庫存後發現，無法立刻提供新品給對方，要等四天左右才調得到貨。將此狀況告知顧客後……

開什麼玩笑！你們現在就給我送過來！

對方的反應相當激動。但沒貨就是沒貨，想送去也沒得送。

這時，不擅長處理客訴的人便會試圖說服顧客，解釋「做不到的事情就是做不到」。然後可能就會和對方發生衝突，導致事情變得越來越複雜又難解。

不過，我認識的這位朋友，他並沒有試圖說服對方，而是仔細地聆聽了顧客的意見。事情的發展如下：

請問您明天要上班嗎？

沒有，我從明天起連休三天假。我們全家要一起出去玩，孩子們也都很期待。所以你們趕快給我送來！

原來如此，所以今天……

我已經把全家五人份的碗盤都從舊櫥櫃取出來，就等著要放進新櫥櫃了。

他終於瞭解顧客爲什麼這麼生氣了。

顧客生氣的不是櫥櫃有刮痕，也不是送貨員的態度不好，顧客生氣的是，**本來換個新櫥櫃後，明天就要煥然一新地舉家出遊，但那樣的好心情卻被摧毀了。**

這才是顧客眞正介意的問題點。

可是，櫥櫃沒庫存是無法改變的事實。

於是他便到附近的分店去，盡可能找到狀態良好的展示品抽屜，然後帶著那個狀態良好的抽屜，以及他多買的某樣東西，前往顧客家中。

這時，問題來了。

問題 3 他帶著抽屜和什麼東西到生氣的顧客家中呢？

如果是你，你會怎麼做？

答案是，他還買了小孩喜歡的卡通人物零食和果凍禮盒一起帶去。

然後對顧客說了以下這段話。

我從其他分店盡可能找到狀態良好的展示品抽屜，並且帶了過來。雖然只是展示品，不過我們也會盡快安排在最短時間內把新品送來。另外這些零食，不嫌棄的話，請在出遊時於車上享用。

他理解顧客想帶著煥然一新的好心情出遊的感受，所以送了零食好讓對方能玩得更盡興。據說那位顧客若無其事地說了聲謝謝，結果後來也沒要求換新的抽屜，就這樣接受了展示品的抽屜。

別在意輸贏

要是他條理分明地解釋現在無法立刻把商品送去的理由，情況會變得如何？別說是理解了，顧客肯定會更生氣。

頭腦好的人，**不會計較講輸還是講贏對方，而是會試著找出藏在爭論深處真正的問題所在。**

之所以會開口爭論，都是因為人的內心深處存在著某種想法。

於是他注意到了對櫥櫃刮痕表示生氣的顧客內心，有著「想帶著煥然一新的好心情出遊」的感受，於是努力奔走以解決這個眞正的問題。

結果，不必換新品就把事情解決了，即使多花錢買了點零食，也是以低成本的方式完成了任務。若是處理不當，讓顧客情緒更激動，該顧客可能這輩子就再也不來店裡消費了，因此，從長遠的角度來看，他只花了點零食錢就成功為公司帶來了利益。

所謂的先好好思考過後再說話，其實也就是要**「從對方的話語中，想像隱藏在其內心深處的感受之後，再開口說話」**。而這正是社會智力而非學校智力所能帶來的。

黃金法則4

別和人爭鬥，要和問題搏鬥。

法則 5

不能只有改進「說話方式」

人不會因說話方式而動心

問題 4

「我喜歡你，請和我交往。」
「很抱歉。」
假設你的朋友像這樣對喜歡的人告白，結果被拒絕了。你覺得朋友被拒絕的理由在於以下何者？
① 在於告白的方式。
② 在於告白本身。

除非有什麼其他特殊原因，不然答案應該是②。

儘管如此，卻還是有很多人覺得是「告白的方式不好」，於是拚命地學習「厲害的告白方式」或「高明的情書寫法」。

我能理解情感越是強烈，就越會拚命地「想傳達自己的愛意」。

然而，即使做出了浪漫的告白或是寫了令人感動的情書，你不覺得答案依舊會是「很抱歉」嗎？

如果告白十分美好，或許對方會多加一句「謝謝你，你的這份心意很令人開心」或者「並不是你不好」。但就算充分傳達了愛意，對方也不會因此動心。結果並不會有任何改變。

記住了「範本」，不等於有在思考

就像這樣，若是以戀愛爲例來說明，很多人都能夠同意並接受，可是一旦離開了戀愛的範疇，尤其是在工作的情境中，爲何常常無法順利傳達自己的想法呢？

拚死拚活地改善告白方式，亦即努力提升「說話方式」的人，不在少數。

在書店的商管書區中，陳列了許多與說話術相關的書。越是認眞的人，往往越有可能去閱讀這類書籍，努力地想改變自己的說話方式。

我也曾經購買很多關於說話術及閒聊力、說明力之類的書籍來閱讀，但這些書所列出來的，多半都是一些「範本」及「規則」。

感覺只要套用此範本就能成功傳達一樣。就能採取流行的用詞，做出感覺很聰明的解釋。即使內容相同，只要改變說話方式，似乎就可以有效傳達……

但實際試過之後，依然沒效……就算能夠傳達，對方也不為所動……這些都是常見的情況。

只要套用範本，感覺就好像有認眞思考過了。然而，**光是套用範本其實並不等於有在思考。**你可以把「只要套用範本就能成功傳達」這樣的宣傳文案，想成是「只要套用範本，就能省去思考的麻煩」之意。

舉例來說，假設套用範本而完成了乍看之下很不錯的簡報，但若是沒有眞的好好思考過，後續在面對大家的提問時，你將無法妥善回答，於是便會露出馬腳。

信任的產生，並不在於簡報順利完成的那一刻。信任是由簡報後的雙向溝通所產生。研討會的高滿意度，也多半在於較長的「問答時間」，亦即關鍵在於加強與客戶間的互動。此時，是否眞有好好思考過或根本沒在思考，兩者之間的差異便會產生。

✦若是無法閒散，那就別「閒聊」了吧

知名文案寫手谷山雅計在其著作《廣告文案就是要這樣寫！讀本》（暫譯）中表示：「不能只有企劃書寫得好。」他說，若是試圖在自己還沒有能力做出好的企劃時，寫出很體面的企劃書，「很可能就會試著把實際上根本沒思考過的東西，寫得或粉飾得好像有思考過一樣。」谷山先生認為，必須先培養出能夠想出好企劃的能力才行。

說話方式也一樣。

有些書裡寫了三十～四十種說明的範本，但與其記住這麼多範本，還不如記下其他更多值得記住的事情。

另外，還有某本談閒聊的書裡，列出了多達六十個規則。聊個天有這麼多規則，根本不能算是「閒」聊吧。**「閒聊」若是無法閒散，那還真的是不聊也罷。**

當然，透過閒聊，有可能產生好點子，或發現與對方有著意想不到的共通點而越聊越嗨。只不過，要達到如此高密度的閒聊，靠的是過去的溝通和日常思考的累積。

撇開單口相聲藝人或研討會講師等以說話這件事為主要職業的人，以一般人來說，

如果能夠做到好好思考，那麼，通常只要把自己心中所想的說出來即可。根本沒必要記住幾十個範本或規則。不過當然，若是在好好思考的基礎之上，再進一步針對說話方式下功夫的話，成功傳達出本意的可能性肯定會更高。

即使記住範本也無法打動人心這件事，從以「也爲您的心靈加滿油」（COSMO石油）、「著眼之處，盡是犀利」（SHARP）等廣告詞而聞名的日本最具代表性文案寫手——仲畑貴志所寫的關於「AI與創作者」的文章中也能看出端倪。

> 至今為止我所有的文案都被放進了電通所開發的「AICO」，也就是能自動創建廣告文案的AI系統。於是AI便會利用我常用的詞彙，建立出奇怪的文案句子。雖然偶爾也會出現有趣的語句，但終究只是一些類似「轉換錯誤」的趣味，並未達到擄獲人心的程度。
>
> ——摘自《宣傳會議二〇一九年九月號》

AI擅長依據原理原則，照著範本輸出，但並不擅長發揮創意。所以「只是套用範本的工作方式」，今後肯定會被AI取代。

實際上，當年我進了顧問公司後，主管立刻就針對溝通的部分，給了我如下的建議：「你可以保持沉默，甚至最好積極地保持沉默。」本以爲「溝通能力好＝擅長說話」，在驚訝的同時，嘴笨口拙的我，卻也因而稍稍鬆了一口氣。

我把自己的訝異告訴主管，結果主管這樣回應：**「講話的方式確實該要注意，不過，舌粲蓮花倒是沒有必要。」**

當時身爲菜鳥的我，並未理解這句話的眞正意義。老實說，我那時甚至覺得「還是能舌粲蓮花比較好吧」。

不過現在，我已經充分理解了這句話的意思。當然能夠舌粲蓮花也並不是件壞事；但若是把能言善道當成目標，不僅沒意義，甚至反而還會帶來反效果。因爲一旦擅長把話講得漂亮，就能夠輕易地「假裝聰明」。如果是學生，或許靠著當下的氣氛或是仗著年輕討喜就能度過難關。像這樣以表面上的溝通勉強混過去的方式只適用於年輕時，隨著年紀漸長，便會漸漸無效。

我希望各位記住的是，就算你變得和舌粲蓮花的人一樣會說話，也無法輕易獲得想要的結果。這就和即使能徹底模仿搞笑藝人的「爆笑梗」，也無法和搞笑藝人一樣引來哄堂大笑是同樣的道理。

越是認真的人，越容易陷入「技巧的困境」

近年來，我越來越深刻地感受到光是很會講話已經不再有效了。

政治家沒內涵的發言在社群網站上被嘲笑，成了一種「好像有在說些什麼，但其實什麼也沒說」的笑話。

就連過去不會被掀出來的藝人或企業家的失言，也變得引人注目。在小型演說中的一句玩笑話，於社群網站上瞬間擴散，最後搞到不得不道歉的地步。這種事件你在新聞裡一定看過。

看著事件在網路上延燒，有些人或許會覺得「他怎麼會講出這種話？」人畢竟很難一直維持著緊張感，再怎麼想著說話必須小心謹慎，還是會有真實想法意外曝露的一刻。那瞬間透過社群網站被擴散出去，於是我們就看到了。

不論在工作上還是在私生活中，若要和他人建立長期關係，信賴感必不可少。因此，社會人士所需要的聰明，是伴隨著信任的聰明。

當我自己還是新人的時候，也曾有一段時期爲了要讓周遭的人覺得自己聰明，而拚了命地假裝。嚴格來說，是根本分不清假裝聰明和眞正聰明的表現有何不同，就只是一個勁兒地努力罷了。

但有一次，有個客戶對我這麼說：「安達先生，您這套就免了，請別敷衍我，明白地告訴我吧。」

很可惜，**越是假裝聰明，看起來就越蠢**。覺得能蒙混過去的只有本人，別人可是一眼就看穿了，尤其是聰明人。只靠說話方式是無法獲得信任的。

這是我後來才意識到的道理，但那時的我正因仰賴技巧而陷入「困境」之中。例如，在介紹說話方式或交談、聆聽等的書籍中，都經常提到「重複對方的話」這種技巧。這是向對方表示「我有在聽你說話」、「我對此有共鳴」的重要竅門。

可是，請想像一下。如果每次對方都重複你說的話，你有何感想？是不是會覺得，這個人眞的有在聽我講話嗎？還是他其實看不起我，而在敷衍我？

明明是想表示有在聽對方說話，卻反而被懷疑「沒在聽」。本來是試圖要讓對方覺得自己聰明，卻顯得愚笨。越是認眞的人，就越容易陷入這種技巧的困境。

我要再次強調，所謂的「在說話前先好好思考」，既不是套用範本，也不是靠技巧來假裝聰明。

但話雖如此，有時難免也會有想利用一下範本的時候。重點在於，你只能將範本當成思考的「契機」。如果套用範本能讓你注意到自己想法的缺陷，就能夠進一步深化思考。若是無法充分傳達並讓對方理解本意，要記得這不是說話方式不好，而是你思慮不周的關係。

這才是眞正聰明人的思維，是提升思考品質的重要關鍵。

黃金法則 5

無法傳達的原因不在於說話方式，而在於思慮不足。

法則 6

將你擁有的知識轉變為「智慧」

聰明人會「假裝不知道」，而不是「假裝聰明」

接著讓我來談談A先生的故事，他是教會了我工作本質的人物之一。

A先生的頭腦清晰，不論是公司內部的人還是外部客戶，對他都十分景仰。他非常瞭解市場，除了寫書外，演講更是場場爆滿，是個相當受歡迎的人。

但在面對客戶時，他不僅不會誇耀自己的能力與知識，甚至還徹底地「假裝不知道」。觀察他的言行舉止，我才理解到，真正頭腦好的人是能夠「假裝不知道」，而不是假裝聰明的人。

例如，某家公司行銷主管和A先生的對話感覺就像這樣。

我從安達先生那裡聽說了你的事情，非常想跟你諮詢一次試試。

謝謝您。

我們上個月推出新產品，發了新聞稿，也準備了專屬的網站，但卻沒什麼迴響。就只有網站收到一些詢問而已。

嗯嗯，沒什麼迴響啊。

明明下了不少功夫，但卻……

這裡寫的「三大特色」，就是新產品的賣點嗎？

沒錯。

原來如此。

有什麼奇怪的地方嗎？

沒有沒有。不過，若您不介意的話，能否讓我知道貴公司內部認爲這次的問題是出在哪裡嗎？

A其實一眼就看出客戶的新聞稿哪裡有問題，但他卻什麼也沒說，只是一直促使客戶說話而已。

喔，這個啊。目前公司內部所認定的原因是差異化失敗。

是哪裡和競爭對手不同呢？

這裡，是「壓倒性的高品質」這個部分。

……具體來說，是品質的哪裡有差異呢？

嗯……這個……嗯？其實我也不太清楚……欸，你去幫我把負責的人叫來。

後來負責的人被叫來了，但那個負責的人也一樣答不出來。

這部分可以更詳細地說明一下嗎？

這說明眞的很難懂喔？

不不不，我只是有點好奇而已。

欸欸欸，果眞是這說明很難懂耶。

的確……

確實如此，或許可以寫得再詳細一點也不錯喔。

眞是不可思議，A先生只是向客戶「逐一詢問細節」，結果客戶的主管和負責人員就自己把問題給解決了，因爲他們發現「原來只要這樣調整就好」，於是便心滿意足地回去了。

後來，那位主管寫了一封電子郵件給我。信中除了大讚A眞是有智慧又值得信賴之外，也對我把A這樣的人介紹給他一事表達了感謝之意。

✦切勿輕易提出建議

不過在這個例子裡，A先生幾乎沒提出任何自己的意見。

雖然具備行銷的專業知識，也懂得如何正確回應客戶的諮詢，但他主要只是聆聽了對方的話。然後，在理解該主管和負責人員對行銷的想法後，再稍微表達一點自己的看法罷了。

進入顧問業後，首先會被徹底教育，**被要求切勿輕易提出建議、別提出意見，總之要記得先讓對方說話**。這令我十分驚訝，因爲我一直以爲顧問是個提出建議的工作。

人類是一種很喜歡表達自己意見的生物。有了知識，就會想要展現出來。

A的行銷知識遠比對方豐富得多。所以，A當然也可以草草略過對方的意見，而直接表達出「行銷應該要這樣做才對」。

但他並沒有這麼做。爲什麼呢？

這是因爲，**知識不是用來展現的，唯有將其用於他人時，知識才會成為智慧**。

儘管A的行銷知識遠比客戶豐富，但這些知識對於對方來說不見得一定有效。因此，A才會一邊思考對客戶來說什麼才眞正有效，並且一邊聆聽對方的說法。若是直接展現自己的行銷知識，客戶或許會滿意地覺得「聽到了很棒的意見」，但未必能引導出具體的行動。更何況直接給出「只要這樣做就行了」的答案後，要是對方不認同，肯定也會不爲所動。

A先生選擇了「和對方一起思考，讓對方自己發現問題，推對方一把」，而非一味展現自己的知識。結果連身爲介紹人的我都獲得了客戶極大的信賴呢。

展現真正智慧的一刻

假設有一位男性很懂咖啡。

而這位男性和一位女性一起進了咖啡廳，兩人看著飲料單。

在各式各樣的飲料中，該女性打算點一杯「咖啡歐蕾」。這時——

你知道拿鐵咖啡和咖啡歐蕾有哪裡不一樣嗎?事實上，咖啡歐蕾是把滴漏式咖啡和牛奶以5：5的比例相混合，但拿鐵咖啡則是把濃縮咖啡和牛奶以2：8的比例相混合。

男性若是開口這麼說，就是一種展現知識的行爲，只是在假裝聰明而已。但在女性問了店員「順便請問一下，你們沒有賣低咖啡因咖啡嗎？」之後，如果男性如以下這麼說的話，情況又會是如何呢?

你如果覺得咖啡因太刺激的話，點拿鐵咖啡可能會比咖啡歐蕾好一點。

是喔？

因爲拿鐵咖啡的咖啡因含量應該比咖啡歐蕾少一些。

像這樣說，就不是在展現知識，而是將知識用於對方，以造福對方。

對於那些總是在表達自己意見，滔滔不絕地展現知識的人，人們是不會輕易覺得他擁有智慧的。

關鍵在於，想說些什麼的時候，要從**「那是否會為對方帶來好處？」**的觀點思考。當然，該知識是否有益於對方，不眞的說出來不會知道。而且建議這種東西，每個提出建議的人一定都是覺得「對於對方有好處」才會提出來。

不過，藉著在開口前先停下來想想「這眞的有益於對方嗎？」你就能意識到自己是否只是爲了展現知識、爲了說而說。

頭腦好的人擅長客觀地看待自己。會盡可能於說話前，先站在對方的立場，以便能夠客觀地檢視自己。

總結來說，所謂在開口說話前先好好思考，也就是要具備「即將說出口的話眞的有益於對方嗎？」的觀點，而非只是爲了展現自己擁有的知識。

話雖如此，但人類就是一種喜歡展現自身知識的生物。這與人類基本需求之一的「認可需求」有關。下一篇我們就要來談談這個認可需求。

黃金法則 6

知識只在用於某人時，才會成為智慧。

法則 7

能夠控制認可需求
才足以成為溝通的強者

✣掌控人心的高手給了祕書什麼樣的指示？

前面我曾提過，在溝通上，還有別的事情遠比「變得很會說話」更重要。那就是**「如何控制認可需求」**。

同志社大學教授太田肇先生在其著作《名甚於利的動機論》（暫譯）中提到，人類是一種希望被他人認可、想要被尊敬，且會因此而產生動機的生物，並將此命名爲「認可人」（Homo Respectus）。

觀察近年來社群網路的興起，也可看出人們無疑多多少少都會受到「認可需求」所驅動。絕大多數的人都想被周遭認可、希望被他人稱讚。前一節所提到的「不自覺地想要展現知識」，也正是因爲人有這種認可需求。

但反過來說，這也就表示，**若能抑制自己的認可需求並滿足他人的認可需求，便有可能成為「溝通的強者」**。

被周圍的人認爲具備「個人魅力」而獲得極大信賴的政治家或經營者，往往都很擅長控制認可需求。

例如，據說曾爲日本最具影響力的政治家之一的田中角榮，在要求祕書發錢給支持者時，便對祕書說了以下這段話。

「你聽好，面對候選人，哪怕只是一絲絲給錢辦事的感覺，也一定會反映在你的臉色上。這樣的話，對方就會有一百倍、一千倍的感受。結果便是給了一、兩百萬，卻連一毛錢也不值。」

儘管田中被稱為金權政治的化身，但或許就是基於這個理由，讓他被視為一個令人難以厭惡的角色。

——摘自《田中角榮 昭和的光與影》（暫譯）

田中角榮反而指示祕書要謙遜地、有禮而得體地，請對方把錢收下。

想必田中角榮也清楚知道，重要的不是「給錢」而已，而是「要在不傷害候選人自尊心的狀態下給錢」。

雖說後來田中角榮因賄賂而被捕，這並不是什麼令人莞爾的小故事，但由此可充分理解他爲何能獲得那麼多支持，甚至直至今日仍以改變了日本的政治家之姿而聞名。

成為溝通強者的兩個條件

沒能獲得信賴就無法工作的，不只有政治家而已。

但要同時兼顧「自我控制」與「認可他人」並不容易。因爲必須要有一定程度的精神力量，才能於自制的同時也讚美他人。

而要控制認可需求並成爲溝通的強者，有兩個條件。

強者的條件 1 要有自信

自尊過低、缺乏自信的人，是無法好好地認可他人的。

所謂的自尊心，就是指「尊重自己、接受自己」的態度。人一旦自尊過低，便無法肯定自己，因此會需要他人的認可。

即使是在社會上看似很成功的人物，若是自尊過低而只會「要求他人給予認可」，則由於站在「想要獲得認可的立場」上，故在溝通上會成爲弱者。

不是光靠一張嘴（自我推銷），而是要用成果來展現能力

「欸，原來是這樣！好厲害！這麼說來，我……」

有些人不管談論什麼，都會像這樣很快就試圖提到自己。這種人雖然對於對方的話有所反應，但往往立刻就想把話題轉移到自己身上。

這樣的人一旦「認可他人」後，就會忍不住提及自己，以此取得相對應的回饋。然而，那是一種試圖透過自我推銷來獲得認可的心態，稱不上是溝通的強者。

一邊稱讚別人，一邊擺出自己「真的沒什麼、很普通」的表情，這才是溝通強者會有的態度，也才是有智慧而受愛戴者的表現。

要控制認可需求並成爲溝通上的強者，就不能試圖靠著談論自己（自我推銷）來獲得他人認可，而是必須清楚地認知到他人的認可要透過成果來獲得。

個人魅力是如何產生的？

有些人可能會覺得，「話是這麼說，但這樣應該會被對方看扁，而覺得這傢伙沒什麼了不起吧？」沒關係，對方愛怎麼想就怎麼想。

因爲溝通強者的心裡是這樣想的：「如果對方尋求認可，那就盡量給他認可。至於他認不認可我，則是取決於我對他做了什麼。」

來自他人的認可，並不是靠頭銜就能獲得。人不會因爲是老闆、當上主管，就被大家認可。只有那些想利用身分地位而居心叵測、阿諛奉承的人，才會只因爲頭銜便給予對方認可。

那麼，人們到底在什麼時候才會想要認可他人呢？

就是在**「被親切對待的時候」**。

也就是說，除了做出成果之外，還能夠親切友善地對待他人的人，才會獲得他人認可，受人信賴。

除了做出成果外還能親切待人者，漸漸地，就會被大家認爲具有「個人魅力」。

個人魅力不是自己說了算；而是由受到那人親切對待的許多人四處宣傳「這個人很棒」，才使那個人逐漸被神格化。

而當其他人實際與所謂具個人魅力的人物見面後，便會發現，那個人往往令人感覺良好，而且比想像中還要和善。常有人在見到了名人之後的感想是「意外地很普通」，這反應可說是再誠實不過了。

在我曾遇過的經營者之中，有一位在滿足員工的認可需求方面極爲優秀。

那位經營者連自家公司其中一名員工的小孩的考試日期都記得，還對該員工說：「你若擔心兒子的考試狀況，今天就先回去吧。」甚至在員工配偶的生日當天，也一定交代員工要送花才行，鉅細靡遺地實踐了親切待人一事。

當然，那位經營者是刻意這麼做的。

不過，他的這一連串行爲並不只是「形式」而已，他是認眞的。所以員工們都說「這個老闆眞的很棒，很有個人魅力」。

就像這樣，**藉由成為滿足認可需求的一方，而非由對方來滿足自己的認可需求，溝通強者便得以有效贏得信賴。**

有些人誤以爲只要升了官，有了頭銜後，就會因「頭銜」而被他人認可。當然，在工作上，確實也有一些人會因爲你的頭銜而靠過來。

但請千萬別忘了，他人的信賴，可不是有頭銜就能夠獲得的東西。除了有頭銜外，還要能夠親切待人，才有辦法獲得絕對的信賴。

長官給予親切和認可，部屬則提供忠誠與權力基礎。

說來就如古羅馬的恩主（Patronus，主要爲貴族）與受庇護者（Clientes，侍奉貴族的隨從）的關係，並非單方面控制，而是基於彼此「相互給予」的互惠。

黃金法則 7

要成為滿足認可需求的一方

可同時帶來「智慧」與「信任」的7個黃金法則

法則1

總之不要立刻**反應**

法則2

聽不聽明，是由**他人**來決定的

法則3

人會信任確實有**在為自己**著想的人

法則4

別和人爭鬥，要和**問題**搏鬥

法則5

無法傳達的原因不在於說話方式，而在於**思慮**不足

法則6

知識只在用於**某人**時，才會成為智慧

法則7

要成為**滿足**認可需求的一方

以七大黃金法則，
做為基礎的思維方式，
是一種哲學。

而接下來，
我將傳授以此哲學為基礎
深入思考的五個具體方法。

七大黃金法則×五個思考法。
當你學會這些時，
毫無疑問地，
你肯定已經真正變成「頭腦好的人」。

Part 2

徹底變身聰明人的深化思考術

可同時帶來「智慧」與「信任」的五個思考法

深化思考的五個工具

之①「**客觀**」的思考法

之②「**整理**」的思考法

之③「**傾聽**」的思考法

之④「**提問**」的思考法

之⑤「**言語化**」的思考法

第8章

「客觀」的思考法

——首先，別再用愚蠢的方式說話

在接下來的Part 2中，我將以Part 1介紹過的黃金法則為基礎，說明變身聰明人的深化思考法。

身為最受矽谷創業家們尊敬的經營者之一，也是英特爾前CEO的安德魯・葛洛夫在其著作《葛洛夫給經理人的第一課：從煮蛋、賣咖啡的早餐店談高效能管理之道》中曾經提到，「不做什麼」和「做什麼」一樣重要。

而對於要成為聰明人這件事來說，也是「不做什麼」

和「做什麼」一樣重要。

首先，請從「別再用會讓你顯得愚蠢的方式說話」開始做起。

透過這麼做，你便能夠學會「客觀」的思考法。

一般來說，聰明人擅長客觀地看待事物。就讓我們學會如何藉由自己的發言，客觀地深化思考的方法。

說話膚淺，會讓人覺得你沒在思考

在辦公室裡，出現了這樣一段對話。

前輩，我昨天在電視上看到，據說要讓薪水增加，英文能力和會計知識很重要。該怎麼加強才好呢？

嗯……我說佐藤啊，你的工作應該用不到英文也用不到會計知識吧？

可是英語這種東西，在全球化的潮流中確實很重要，對吧？

我不會說它不重要……但，話說，你的工作和全球化有什麼關連嗎？

嗯，最近大家不是都在講全球化嗎？客戶也宣稱要「推廣全球化」耶。

這我不否認，不過推廣全球化……到底是指什麼？

這個嘛……細節我也不清楚……

……嗯，總之你加油吧。

看來這位前輩已把這個後輩認定爲「沒在好好思考的人」。

各位讀過這段對話後，或許也有感覺到後輩的發言「很膚淺」。

你是否也曾像這樣聽了某人說話後，覺得「這個人眞是膚淺」又或是相反地覺得「好有深度」呢？

說話膚淺的三個原因

在我看來，「說話膚淺」的人有以下三個特徵。

①講話沒什麼根據。
②使用詞彙前並未仔細想過其意義、定義。
③不知前因後果。

一旦符合這些特徵，聽到的人就會覺得「這個人說話眞膚淺」。

不過，這絕非事不關己的問題，包括我在內，這也是每個人都可能不知不覺地脫口而出的說話方式。正因如此，要意識到這幾點可說是非常重要。

但各位必須注意的是，發言的「深淺」並不是取決於話題或主題。比方說，即使是討論政治，也有人一開口就顯得膚淺；而就算是談論流行的偶像或動漫，也有一些人就是能讓人覺得很有深度。

當我知道日本的知名藝人塔摩利設立了「日本坡道學會」（自稱）後，便去讀了其著作《新版 塔摩利的TOKYO坡道美學入門》（暫譯）。這本書的前言提到塔摩利先生剛來東京時，覺得這地方的坡道眞多，還提到他出生、長大的老家是位在一條長長的坡道中間，然後接著這麼寫到：

人的思考、思想，可大致歸納為傾斜的思想與平地的思想兩種。而平地的思想就是馬丁・海德格的那種。

竟然有人光是針對一個「坡道」就能講出這麼有深度的東西來，著實令我非常吃驚。甚至據說有某個作家在聽聞此事後，便提出「希望針對傾斜這主題來進行對談」呢。

當然，並不是說談論哲學就很厲害。不論是哲學、坡道，還是偶像，重點在於如何深入挖掘。

那麼，接著就讓我們來逐一探究該怎麼做吧。

對少量資訊深信不疑
就會顯得愚蠢

前輩，我昨天在電視上看到，據說要讓薪水增加，英文能力和會計知識很重要。該怎麼加強才好呢？

嗯……我說佐藤啊，你的工作應該用不到英文也用不到會計知識吧？

前面曾出現過的這位後輩的發言，聽起來就像只相信在電視上看到的資訊一樣。這是說話會讓人感覺膚淺的第一點。

很可惜，**人說的話一旦只是建立在「少量、薄弱的資訊」上時，聽起來就會顯得膚淺**。這個道理並不僅限於媒體資訊而已。其他的例子像是：

「我認識的上市櫃公司高階主管……」

「東大畢業在摩根士丹利擔任基金經理人的○○先生……」

「黨政高層向我透露……」

「這是追隨者多達一百萬人的○○小姐推薦的……」

像這些說話時牽扯名人或政治人物的人也是一樣。如果只是基於某人很有名、頭銜很響亮等理由，便相信該資訊正確無誤的話，往往就會被認爲是說話膚淺的人。

「被大媒體報導出來」、「有名人推薦或介紹」等，不管是大還是小，爲了要成功交涉或說服對方，引用權威當然是合理的，但**問題在於引用時「不知道權威為何會如此陳述」**。

這就和只因爲看到「有人排隊」就跟著排，根本不知道是在排什麼的人一樣。在沒弄清楚原因的狀態下發言，**只是「借別人的嘴說話」罷了，而會顯得你沒有自己的主見**。尤其在工作上，當本人沒什麼實際成就，卻還一直重複這樣的話語時，不僅會被人們認爲「說話膚淺」，還會被認爲「這個人的話不值得聽」。

✦應避免帶有片面的成見

說話膚淺的原因與「認知偏誤」密切相關。

這裡的「偏誤」是指「偏頗、扭曲」，而日本的情報文化研究所所長高橋昌一郎先生表示：「認知偏誤一詞，被廣泛用於指稱帶有偏見或成見、固執的判斷或扭曲的資料、片面的堅信或誤解等意義」。

當有認知偏誤，也就是具有強烈的偏見或成見，又或是態度深信不疑時，對聰明人來說，其言語聽起來就比較膚淺，而給人「有好好思考過嗎？」的印象。

頭腦好的人會盡可能準確、客觀地看待各種事物，並且盡全力意識到偏誤的存在。每個人都具有認知偏誤，也正因如此，只要稍微對偏誤有所意識，就能成為「有好好思考的人」。

不過，認知偏誤也分好幾種，在此便為各位介紹在說話前最好注意一下的兩件事。

開口說話前的注意事項 1

認知偏誤——人只看得見自己想看見的

所謂的認知偏誤，就是只蒐集有利於己的資訊，而傾向忽略不利於己的。換言之，**人只看得見自己想看的部分**。

例如，當你認定某人「怪怪的」，那麼，你很可能總是會留意到他奇怪的言行舉止。這也是認知偏誤所導致的現象之一。

人類這種生物，會傾向於相信自己的直覺是對的，因為這樣比較輕鬆。於是，大腦便會擅自蒐集直覺認為正確的資訊，對於不符合直覺的資訊則會忽略。

說話沒什麼根據的人，之所以會被認爲膚淺，就是因爲被懷疑「應該是你只蒐集有利於己的資訊吧？」、「那是你的主觀臆測吧？」的關係。

即使本人自認爲是在表達意見，但對聽話的人來說，卻會覺得那只是憑直覺發言而已。也就是說，它並未脫離「感想」的範疇。

在剛剛前輩與後輩的對話中，後輩可能本來就認爲「如果具備英語和會計知識便能讓薪水增加」，所以看了電視後，覺得印證了自己的想法果然正確，於是就提出來跟前輩討論了。

只不過身爲聽話一方的前輩可能會想：「眞是如此嗎？雖然這聽起來非常正確，但還是有不學英語或會計也能讓薪水增加的方法，不是嗎？」

開口說話前的注意事項 2

後見之明偏誤（評論者思維）——馬後砲愛怎麼放都行

假設有某對藝人夫妻離婚了，這時一定會有人這麼說：「當初他們宣布結婚的時候，我就覺得他們一定會離婚！」

在組織中，我們也經常可以看到下列這種例子。

有個原本遲遲無法做出成績的年輕員工，在經過一番努力後，終於有了回報，成果開始被看見並獲得升官加薪的機會。於是在這位員工還是新人時，曾稍微照顧過他的前輩便如此說道：「他還是新人的時候我就認識他了，當時我就覺得他將來一定會出人頭地。話說，他剛進公司時跟人打招呼都……」

所謂的後見之明偏誤，指的正是這種明明是知道了結果才做出判斷，卻一副彷彿在事前就已預料到結果般的心理狀態。這也可稱作**評論者思維**。

「我早就知道那個案子會失敗。」

「第一次見面時，我就覺得他怪怪的。」

「那個人年輕時就跟其他人不太一樣。」

知道了結果後再發言是很容易的。只要順著結果講出個道理來，周圍的人聽了便也會覺得「眞的，的確如此」。

但實際上，若是覺得後輩將來會成功且出人頭地，那麼，大可在他成功之前就先說出來。例如早早對他說：「雖然你現在可能做得不是很順利，但日後肯定會成功，加油喔！」如此一來，等該後輩眞的出人頭地後，他就會說：「其實，之前我工作不順利很痛苦的時候，是前輩鼓勵了我。」

不論是認知偏誤還是後見之明偏誤，都是典型的當事人自以爲有想到，但其實只是假裝聰明而已。因此，在開口說話前請先停下來想想，以免講出這種發言，可說是非常重要的。

讓發言有深度的兩個訣竅

能夠做到對偏誤有所意識，並在開口說話前先停下來想想之後，接下來又該怎麼做呢？在此，讓我爲各位介紹兩個能讓膚淺的發言變得有深度的訣竅。

請回想一下之前說出「前輩，我昨天在電視上看到，據說要讓薪水增加，……」這段話的後輩。若那位後輩的說法如同以下敘述的話，情況又會怎麼樣呢？

不過，爲了確定是否眞是如此，我有去研究了一下，也有人說要讓薪水增加，學英文沒什麼用。大家的說法都不一樣呢。

或是這麼說：

雖然電視上都說學英文能讓薪資增加，但根據一項語言學習App的調查，據說全世界花最多時間在學語言的就是日本人了。所以這也可能是英語補習班的行銷話術，對吧？

如果這麼說，是不是會讓你想再聽他多說一些呢？

這裡的重點有兩個。

①研究過與自己立場「相同及相反」的意見。

②調查過統計資料。

如同前面提過的，認知偏誤是指只蒐集有利於己的資訊，對不利於己的資訊則會不自覺地予以忽略。換言之，**若能夠對認知偏誤有所意識，而刻意去參考不利於己的資**

訊，便可深化自己的思考，讓發言變得有深度。

在以上的發言中，後輩調查到了與「只要學習英文和會計，薪水就會增加」相反的意見，亦即也有人認爲「即使學了英文或會計，薪水也不會增加」。而在研究時，他可能還會聽到「搬到不同的地區就能讓薪水增加」等其他不同的意見。

另外，②則是指基於數字提出根據之意。

✚頭腦好的人的資料搜尋術

那麼，②的統計資料要怎麼調查呢？

光是「調查的技巧」便足以寫成一本書，故在此只介紹一些現在立刻就能應用的簡單方法。

當被要求去調查一下時，我想絕大多數人第一個想到的就是「上網搜尋」。但即使只是搜尋這件事，也會有聰明和不聰明的差距。

聰明人爲了快速找到正確的統計資料，會在搜尋時多下一點功夫。畢竟資料這種東西，「出處」相當重要。

民間企業所發表的數字，有可能是為了有利於其事業所進行的調查結果，也因此其可信度並不高。舉例來說，在電視購物節目中所提出的數據，只會採用能讓看的人想購買的資料。

而相對來說，大學或政府所發表的資料雖非百分百絕對可信，但通常較為客觀。所以，一開始就先找這類的資料會比較快。

具體而言，上網搜尋時可在搜尋的詞彙之後輸入一個空格，再接著輸入「site: .go.jp」（編注：台灣則可輸入「site: .gov.tw」）。

這是在指定將搜尋範圍限制在特定網域內之意，若輸入「site: .go.jp」，則搜尋結果只會顯示日本政府網域（.go.jp）中的網站。來自政府機關的資訊基本上都是根據已被驗證過的資料所建立而成，故可找到具一定可信度的數據。

同樣地，除「site: .go.jp」之外，也可在末尾輸入「總研」或「site: .ac.jp」（編注：台灣可輸入「研究機構」或「site: edu.tw」）。和政府機構網域一樣，搜尋由智庫和大學所發表的資訊，就能快速取得可靠的統計數據。

雖然這裡只為各位介紹了簡單的搜尋技巧，但在取得資料方面，其實一進入顧問公司時，大概會花整整兩天的時間接受相關訓練。而從中我學到了，最重要的還是要傾聽相關人員的意見，亦即要取得第一手資訊。然後再從圖書館或研究單位等處，廣泛地查詢報紙、雜誌、書籍、論文資料來做爲輔助。

只是，至今從未接觸過第一手資訊或統計資料的人，突然要去圖書館、使用研究單位的服務來查論文，門檻實在太高。而且也要花不少時間和力氣。

因此，我建議各位先從做得到的範圍開始做起，別嫌麻煩，請養成輸入「site: .go.jp」、「site: .ac.jp」（編注：台灣則輸入「site: .gov.tw」、「site: edu.tw」）來搜尋的習慣。若是想更深入瞭解，就試著廣泛地查詢各種文獻即可。而這時我會推薦各位閱讀《調查的技巧 國會圖書館秘傳之參考密技》（暫譯）一書。

要對認知偏誤有所意識，
並找出與自身相反的意見或統計資料來深化思考。

要對詞彙有一定的敏感度

還是新人時，我曾問了一個令主管大爲傻眼的問題。

顧問的工作就是協助客戶解決問題，對吧？

安達先生，在使用詞彙前，你有先確實瞭解其意義嗎？

看了這段對話，各位知道我的主管爲何覺得傻眼嗎？

成年人更應該要查字典

進入顧問業後，最常被嚴厲地要求的事，就是「要使用認知差距小的詞彙」。因此，我們被規定參加會議時都要帶著字典（當時還沒有智慧型手機，所以帶的是紙本字典或電子字典）。這樣的經驗，對今日不論是身爲顧問還是身爲經營者的我來說，在與各種不同行業及價值觀的人溝通、合作時，都發揮了極大的作用。

不只是顧問業的前輩和主管，就連客戶公司中優秀的工作者，各個都對詞彙的意義

每個人對定義的認知都不太一樣

十分敏感。

「安達先生，我們可以把這個詞彙的意義認知為這樣，你確定沒問題吧？」像這樣的確認，我已不知聽過多少回。而我那位對用字遣詞非常嚴格的主管，就連「溝通」一詞也都會避免輕易使用。

例如，假設公司指示：「請增加公司內部的溝通頻率」。在此情況下的溝通代表什麼意思呢？

有些人或許會將「面對面的交談」視為溝通，於是便增加了進公司上班的次數。但另一群人則可能把電子郵件或線上聊天也視為溝通的一部分，所以並不會特地進辦公室，而是嘗試增加線上聊天對話的頻率。

對於將溝通視爲「也包含電子郵件與線上聊天」而不進公司的人，把溝通視爲「直接對話」的人可能就會火大地覺得：「那傢伙爲什麼不來公司啊……」

就像這樣，每個人對詞彙定義的認知差距，經常會引起許多困擾。

「丟垃圾」也是如此。

比方說，老婆叫老公去丟垃圾。於是將丟垃圾認知爲「把裝著垃圾的垃圾袋拿去垃圾場」的老公，便依照其認知，把垃圾袋拿去了垃圾場。但如果老婆認爲「蒐集所有垃圾，把垃圾拿去垃圾場後，替空的垃圾桶套上垃圾袋」才是所謂「丟垃圾」的話，很可能就會生氣地對老公說：「你做事要徹底一點啊！」

頭腦好的人在選擇用詞時，會想像：「若使用這個詞彙，對方會將其認知爲什麼意思呢？」因而會避免使用定義不明確的詞語，或是一開始就先釐清詞語的定義。

也就是說，所謂「先好好思考過後再開口說話」，**就是要想像對方接收到的詞語意義，說話時要盡量避免出現定義不一致的問題。**

各位最近有查過字典嗎？想必成年後，每個人查字典的機率都會大減。但在需要與價值觀不同的人們交換意見的工作環境中，更是必須查字典，尤其要對詞彙的意義、定義有一定的敏感度才行。

未確實理解其意義就一直撂英文，是一種典型的「假裝聰明」

除上述之外，對於外語詞彙的使用更要特別小心，尤其是「撂英文」的行為。隨隨便便就撂英文，卻沒確實理解其意義，往往就會顯得「沒在思考」。

好的，今天的 discussion theme 是如何與其他公司 collaborate 以創造 value。我想讓 risk 和 return 達成 balance 來做判斷。

我想，會像那樣說話的人應該不怎麼聰明。

・discussion 是指「討論」又或者只是「提出構想」？

愛掮英文、假裝聰明的人

- collaborate 指的是什麼？
- risk 是指「風險」還是「可能性」？
- 達成 balance 是什麼意思？

如果說出這些話的本人並未確實理解這些詞彙的意義，那他看起來就會像是個**「假裝聰明的蠢蛋」**。

回到前面提過的，當我還是新人時，曾對主管問出的「顧問的工作就是協助客戶解決問題，對吧？」這句話之所以會讓主管傻眼，其實是因爲我沒能確實理解「問題」與「課題」的意義便加以使用的關係。而那時我所任職的顧問公司，是將「問題」與「課題」分別定義為如下：

・問題⬇麻煩的事態。
・課題⬇應解決的問題。

因此，實際上我的說法應該要修正成「顧問的工作就是協助客戶發現問題並解決課題」才行。

有時，我們連平日常用的詞彙都可能未確實考慮其定義就隨意使用出來。尤其如同「課題」和「問題」這類看來相似但實則不同的詞語，要能理解其差異而不隨便使用的態度非常重要。

早期在日本，雀巢咖啡曾用過一句非常有名的廣告標語：「懂得差異的男人」，這句標語在電視廣告中播放多年，而確實，**懂得差異的人，就是頭腦好的人**。

・意見和感想有何不同？
・顧客和客戶不一樣嗎？（顧問公司嚴格規定不能稱「客人」，要稱「客戶」）

・公關部門和行銷部門的差異何在？

諸如此類，最好能多多注意平日熟悉的相似詞彙，查查字典並根據團隊來決定其定義比較妥當。

另外補充一下，在本書中我列出了一些「問題」，而本書的這些「問題」只是一種測試，其目的是要讓讀者理解「所謂在開口說話前先好好思考是什麼意思」。

要意識到各種常用詞彙之間的細微差異。

「行為」會因詞彙的定義而不同

過去我所隸屬的組織非常重視「管理」一詞的定義。

我想，應該沒有人不知道「管理」這個詞彙。雖然這是個企業都會隨意使用的詞，但事實上所謂的「管理」，其意義相當難理解，經常在不同人身上出現認知差異。

也因此，在提供顧問諮詢服務的過程中，必定會舉辦「何謂管理」的研討活動，其步驟如下，請各位也一起來思考看看：

1 請自由提出任何你想得到的以「〇〇管理」為名的行為

首先，請把所有想得到的、加上了管理二字的「〇〇管理」這類詞彙都列出來。

像是：預算管理、人事管理、銷售管理、生產管理、進度管理、庫存管理、行程管理、任務管理……

答案大概會像這樣。這些主要都是用於工作上的「管理」。但除了工作之外，可能也有人會聯想到私生活的部分，例如健康管理、體重管理、飲食管理等等。

接著再問下一題。

2 請思考適用於所有「○○管理」的管理意義

對只憑直覺來理解「管理」的人，亦即對於「沒有好好思考過的人」來說，這題應該很難回答。

尤其公司裡的「管理」和私生活上的「管理」很難建立出通用的定義，所以也是個讓人仔細思考的好機會。

而參加研討活動的客戶們，多半都會提出以下答案：

所謂的管理是——

・達成所期望的狀態。
・統一管制。
・控制並調整。
・維持一定的水準。

這些都沒錯。他們想說的我都懂。

但就定義而言，這樣並不夠。

因爲「定義」必須套用在任何「管理」上都合理、說得通才行。

例如，以「維持一定的水準」來說，用在「品質管理」上說得通，但在「行程管理」上就不太適用……對吧？

我參考了國際標準化組織（ＩＳＯ）等，針對「管理」一詞做出如下的定義與說明。所謂管理，狹義上是指「控制」之意。控制就是「統一管制」。品質管理一般是指在一定的範圍內「統一管制」產品的特性。

不過，「管理」一詞在廣義上還有另一層意思，那就是「management」。彼得・杜拉克將 management 定義爲**「建立組織並取得成果的工具、功能、機構」**。換言之，其目的是要取得成果。

也就是說，所謂管理，是爲了取得成果而訂定出某些目標，並釐清與現狀的差距，然後爲了填補該差距而實行ＰＤＣＡ循環（即爲管理循環），這整個過程就可以稱作「管理」。

我想很多人都知道，所謂的ＰＤＣＡ是由以下四個元素所構成：

P（Plan）……規劃。

D（Do）……執行。

C（Check）……檢核。

A（Act）……行動。

亦即訂立計畫、付諸行動、確認是否正確執行、採取改善行動。這一連串的流程，便是包含了 management 意義的「管理」。

重新思考「管理」的定義

我過去所任職的顧問公司是將這整個過程視爲「管理」。各位的公司又是如何呢？有些人或許會覺得：「不太對喔，這定義好像不適用於體重管理或行程管理？」

但是，被要求「請做一下體重管理」時，有的人只會想到「不要讓體重增加就好」，但也有人想的是「要達到理想的體重必須再減〇公斤才行，所以每週的飲食和運動應該……」。

或者，假設老闆請你幫他做行程管理。那麼，你的言行應該會因爲將行程管理單純想成是「調整會議等行程安排以避免撞期」，或將其理解爲「進行管理以享受理想的行程安排」而有所不同。

老闆希望如何運用上午的時間？

每週安排一天沒有會議等行程的日子，會不會比較好？

爲了達成理想的行程安排，是否該減少會議？

諸如此類，一旦將「行程管理」理解爲「進行管理以享受理想的行程安排」，便會發現有很多事情必須思考或跟老闆確認。

像這樣對詞彙有敏感度並深入探究其定義，也正是所謂的「增加思考的解析度」。

請想想用最新智慧型手機拍攝的照片，和用舊款手機拍的照片。即使拍的是同樣的風景，看起來還是會截然不同。

最新智慧型手機拍攝的照片解析度很高。與舊機型所拍出的低解析度照片相比，如果是風景照的話，前景樹木與遠處高山之間的界線會顯得非常清楚。反之，解析度低的照片其前景樹木與遠處高山之間的界線則相當模糊。

在詞彙定義模糊不清的狀態下說話，就像是給對方看用舊款手機拍的低解析度照片一樣。

這樣不僅無法傳達自己想說的內容，也不可能打動人心。

要對詞彙有敏感度，就需要明確地定義詞彙，如此一來，便能將你所看見的世界更鮮明清晰地呈現出來。

總結來說，若要把「隨便想想」轉變爲「認眞思考」，就必須明確地定義詞彙，增加思考的解析度。

藉由對詞彙保持敏感，思考的解析度便會增加，所能看見的世界與傳達的方式也都會變得不一樣。

第8章 「客觀」的思考法

瞭解前因後果，才能做出深入的討論

還記得前面提過的，說話膚淺的人的第三個特徵是「不知前因後果」嗎？舉個例子來說明，有個說法認爲「（日本的）終身雇用制已經行不通了」。實際上，採取終身雇用制的公司確實越來越少。然而，完全否定終身雇用制也稱不上是明智之舉。

的確，以社會氛圍來說，或許「終身雇用制已經不合時宜」。稍微研究一下就會看到許多對終身雇用制持否定態度的意見，或關於企業已廢止終身雇用制的消息。

但我想，已將本書閱讀至此的各位應該會注意到，這很有可能也只是一種主觀的臆測。因此，像前述那樣蒐集相反的意見或統計資料，便能幫助你好好釐清脈絡。而若是要再進一步深入思考，就必須從「瞭解前因後果」的角度出發。

換言之，對於終身雇用制，必須要先瞭解「當初引進終身雇用制的來龍去脈」以及「終身雇用制普及的理由」後，才能做出評論。

終身雇用制在日本普及的原因

依據國立公文書館（日本的國家檔案館）的資料，終身雇用制起源於戰前，是用來留住技術熟練者的多種獎勵制度之一。

後來，進入戰爭時期，日本為了穩定國家的勞動力，祭出「員工流動防止令」及「工資統制令」，藉此推動職場的固定化與工資的統一管制。

同時，為了減少勞工的不滿，還半強制性地規定每年必須定期加薪一次以及需給付退休金，試圖統一工資制度。

「為公司奉獻以換取穩定的保障」這件事，對尋求安穩的勞工來說並不是壞事。

在此背景下，所謂「國家與企業保障勞工生計」這種長期雇用的習慣逐漸擴及全體國民，並進而為戰後所繼承的，就是延續至今的「終身雇用」慣例。而這也成了日本經濟高度成長的原動力之一。實際上，對於日本終身雇用制的優勢，彼得・杜拉克曾做出如下的評價：

歐美尤其應該要針對日本的成功做一些思考。日本有所謂的終身雇用制。（中略）那麼，那樣的制度與日本企業提升業績的能力有何關係呢？答案就在於，日本的那種制度是盡量不去注意人的缺點。在日本，由於不讓人們自由流動，因此總是必須從既有的人手中找出能做事的人。於是就變成時時在尋找優點。

——摘自《杜拉克談高效能的5個習慣》

即使是現在無法發揮作用的事物，過去應該也是有充分的理由才會將其引進。所謂「瞭解前因後果」，就是要理解其中的理由，做爲幫助你深入思考的墊腳石。

學生的BBQ聚會為何引來一大群人？

透過瞭解前因後果，還能讓你產生不同於他人的構想。

各位有烤過肉嗎？我想大多數人都曾和朋友或家人、學校社團等一起烤肉。那麼請回想一下，那是什麼樣的燒烤？烤了些什麼？

分享一個發生在我學生時代的事情。有一次我和幾個朋友決定要來烤肉，結果其中有個朋友如此問到：

「BBQ……到底……是指什麼啊？」

依據BBQ原本的意義「烤一整隻」大塊肉類，結果引來一大群人

當時大家沉默了好久。因為都烤肉過很多次了，但從來沒人想過ＢＢＱ到底是指什麼。在那之前，我一直以為在戶外多人一起燒烤肉片及蔬菜等食材並享用，就是ＢＢＱ。

於是，我便用當時隨身攜帶的電子字典查了一下ＢＢＱ這個單字。結果字典裡是這麼寫的：在戶外炙烤並烹調全牲（整隻的雞、鴨、魚、牛、豬等）。

對我們來說，這定義是個全新的發現。不是在戶外烤肉就叫ＢＢＱ，是要「烤一整隻」大塊肉類才是正宗的ＢＢＱ。

後來，我們決定「來進行一場正宗

的ＢＢＱ」，於是便到商用超市買了一隻全雞和一大塊牛肉後，拿到戶外去烤。

結果經過的路人和在附近活動的團體都覺得「在幹嘛啊？好像很好玩」，而有許多人聚集過來，大大炒熱了ＢＢＱ的氣氛，還因此得以和許多不認識的人們交流互動。

雖然我從沒烤過這麼大塊的肉，烤起來超累人，但這眞的是個非常有趣的新發現。當時我們並未四處宣傳「我們在進行有趣的活動喔！」但人們還是自動聚集了過來。那一刻讓我充分體會到「思考」遠比「說話及傳達方式」更重要。

像這樣「瞭解前因後果」，有時可成爲不同於他人的構想來源。也正如前面終身雇用制的例子，讓我們有了深入討論的依據。

「前因後果」若是換到人身上，就相當於「成長經歷」。透過與朋友談論各自的成長歷程，更深入地瞭解對方而讓彼此變得更要好的經驗，我想每個人應該都曾有過。

調查前因後果的訣竅

接下來，就爲各位介紹兩個瞭解前因後果的訣竅。

首先，你可以調查詞語的來源。以ＢＢＱ來說，這是個源自西印度群島的詞彙。然後再調查其流行的地點或地區，也有助於你瞭解前因後果。

舉例來說，ＢＢＱ是從美國流行起來的。在英語國家，經常會以如「you」→「u」的方式，用發音近似的字母取代單字做爲縮寫，barbecue 便是用「Ｂ」取代「be」成「barBcue」→用「Ｑ」取代「cue」成「barBQ」→再用「Ｂ」取代「bar」，最後便成了「ＢＢＱ」。

建議各位調查看看你目前所在的行業、想進去的行業的詞語起源。

若是在廣告業，就查查看廣告一詞的起源；在家具業，就查查看家具一詞的起源。光是如此，應該就足以改變你對自己行業的看法。

另外補充一點，其實關於ＢＢＱ的意義，有各式各樣不同的說法。依據《牛津當代大辭典》，ＢＢＱ源自十七世紀中期的西班牙文「barbacoa」，指的是在戶外以明火直接燒烤或以專用器具烹調肉類或魚等食材的餐食或聚會。而其原意爲「用於保存肉乾及魚乾的木架」，來自阿拉瓦克語 barbacoa，意思是「支柱上的木架」。

透過瞭解前因後果，可產生不同於他人的構想或是更深入的討論。

第9章

「整理」的思考法

——為什麼聰明人說的話總是清楚易懂？

至今為止我所遇過的聰明人，幾乎全都是說話清楚易懂的人。

頭腦好的人擅長說明，即使是複雜困難的事情，也能用比喻或一般常用的詞彙來清楚解說。相反地，只會用艱澀的詞語或專業術語說話的人，就比較不會被認為是聰明人。

在溝通能力與工作成果直接相關的現代社會，講話令人難以理解可以說是一種致命的缺陷。講話難懂的主管並不會受到尊敬，負責銷售的人員若是說話不清不楚，也不會有人想跟他購買商品。

本章將在釐清「為什麼聰明人說的話總是清楚易懂？」的同時，深化思考，傳授給大家成為聰明人的方法。

聰明人在說話之前，會先花時間「理解」

即使是困難的事情，為何聰明人還是能清楚說明？

那麼，爲什麼就算是複雜困難的事情，聰明人也能說得清楚明白呢？

這是因爲他們**「有理解事物的本質」**。若是沒有理解本質，不管再怎麼注意講話方式，也無法把話說得清楚易懂。只是把話說得好像很明白，並不代表它眞的有條理。

以「顧問」的工作爲例。

這是一種實際狀況與社會形象相距甚遠的工作，但任何有確實理解顧問本質的人，即使是面對小學生，也都一定能說明得清楚易懂。

社會上一般都把此工作解釋爲「所謂顧問，就是協助企業解決課題的工作」，或者「爲經營者提供建議的工作」。不過，這解釋雖然正確，卻不適合小學生。因爲企業、課題、解決、經營者、建議等詞彙對小學生來說可能不容易理解。

因此，必須使用連小學生也能理解的詞彙來說明才行。

例如像以下這樣解釋。

○○小朋友，你身體不舒服、狀況不好時，會去看醫生對吧？

對。

公司也會有狀況不好的時候，嚴重的話甚至會倒閉。有的公司會在還沒嚴重到倒閉之前，先去看醫生。

這樣啊。

顧問就是專門治療公司的醫生。

會開藥給公司嗎？

有時也會開藥，不過顧問會先研究公司是哪裡狀況不好、爲什麼生病了。

就像看看喉嚨、用聽診器聽聽看之類的嗎？

對對對，醫生是聽身體的聲音，但顧問是到公司去聽聽老闆怎麼說，看看大家工作的樣子。

原來如此～是很重要的工作呢。

雖然把顧問比喻成醫生是很常見的說明方式，但其實這比喻並不精準。顧問和醫生儘管很相似，在某些細節上還是不太一樣。

不過，「要研究看看是哪裡狀況不好並提供解決方案」這個本質確實無誤。其中的重點在於，要配合對方的程度來講解才行。若沒有理解本質，就無法配合對方的程度進行說明。

著名廣告標語誕生的一刻

文案寫手必須以簡短的文字傳達商品魅力，以打動消費者的心。

先前曾提到的文案寫手仲畑貴志有個著名的文案作品，就是溫水洗淨便座「Washlet」。雖說「Washlet」現在已是廁所中常見的設備之一，但據說仲畑貴志在一九八一年首度製作其廣告時，心中抱持著這樣的疑問，覺得「用熱水洗屁股這件事真的有十幾萬日圓的價值嗎？」於是他直截了當地問了負責的人員：「只用衛生紙擦，難道不好嗎？」

「只用衛生紙擦是擦不乾淨的。」產品開發人員如此回答。

「可是，我們一直以來，不都是用衛生紙擦的嗎？」
「仲畑先生，讓我們做個實驗，請把這顏料塗在手掌上。」
我照著他說的，把藍色顏料塗在自己手掌上。
「接著請用這衛生紙擦掉顏料。」
我拿起衛生紙，擦掉了塗在手掌上的顏料。
「請看看衛生紙。」
我看了看衛生紙。
「顏料有沾在衛生紙上嗎？」
不論我再怎麼擦，衛生紙上都沒有沾上更多顏料了。
「請看看您的手掌。」
有許多藍色顏料仍沿著皮膚皺摺殘留在我的手掌上。
「屁股也是一樣喔。」
我的腦袋深處傳來叮的一聲。我確定這會大賣。

——摘自仲畑貴志《這件古董就是你》（暫譯）

就算擦了屁股的衛生紙沒有沾上大便，屁股上也還是沾著大便。

看著沾了顏料的手和沒沾上顏料的衛生紙後所想出來的，便是著名的廣告標語「屁屁也想被洗一洗」。而基於此廣告標語所製作的電視廣告，成功讓 Washlet 瞬間成了大受歡迎的熱門商品。

我認為文案寫手並不是如同使用魔法般，巧妙地操縱文字，寫出深入人心的話，其實他們是將重點放在深入理解產品到其使用者等目標對象，並據此編織詞彙的人。這正是頭腦好的人開口前所思考的事。

話語能否打動人心，說話能否清楚易懂，都與理解的深度成正比。

思考就是整理

✦「有理解」與「有整理」意思相同

前麥肯錫顧問波頭亮在其著作《思考・邏輯・分析「正確思考，正確理解」的理論與實踐》（暫譯）中寫到，所謂「思考」，就是識別你所比較的資訊元素是「相同」還是「不同」。

另一方面，腦科學家山鳥重則於其著作《「理解」是什麼意思？——認知的腦科學》（暫譯）中表示，我們的感知系統一直反覆進行著「區分」與「確認」的動作。

例如，把木製的棒狀物認知為「鉛筆」的行為，便是將鉛筆從背景「區分」出來，並從以往的視覺經驗中比對，以「確認」與其相同之物體的行為。

區分不同的，集合相同的。這就是整理。

請想想看整理凌亂房間時的狀況。把不同種類的物品區分開來，把同種類的物品集合在一起。藉由反覆進行此作業，房間就會漸漸變得整潔。

換言之，所謂的理解，就是「區分」，即為整理。而相反地，所謂的無法理解，就是「無法區分」，也相當於沒能整理好的狀態。

再舉個例子來說明。假設專家和一般外行人都分別欣賞了具高度藝術價值和不那麼有藝術價值的畫作，並有了以下的對話。

這兩張畫有什麼不同嗎？兩張看起來都很棒啊。

欸，差很多耶。色彩的運用方式和陰影都不太一樣，眞的很有意思……

前者是一般外行人誠實的反應。後者則是專家的回應。

專家能夠區分藝術價值高的作品和藝術價值不那麼高的作品，而一般人無法區別。

有個日本電視節目叫《一流藝人品鑑中》，便是將此現象綜藝化的結果。像是分別以價值「一億日圓」和「十萬日圓」的樂器演奏音樂，讓受邀上節目的藝人聆聽後，猜測哪個是一億日圓樂器所演奏出來的；又或是讓藝人來賓喝「一百萬日圓」和「三千日圓」的葡萄酒，然後猜猜看哪一杯是一百萬日圓的酒。

能否辨別一億日圓與十萬日圓的聲音表現差異、能否猜對一百萬日圓和三千日圓的葡萄酒，是取決於大腦能否「區分」音高及音質的不同、味覺能否「區分」葡萄酒的澀味及口感等差異。

不僅限於演奏和葡萄酒，如藝術鑑賞，甚至是象棋、圍棋等盤面判斷，還有政治上的謀略等，全都適用此道理。專家之所以能做出不同於一般外行人的判斷，是因爲在專業領域具有高度「區分能力」的關係。

因此，對事物的深入理解，就取決於一個人區分並整理目標對象的能力。

說話是否清楚易懂取決於理解的深度，而理解的深度取決於區分並整理的能力。

記得從結論開始說起

說話難懂的人，往往無法從結論開始講起。

一旦聽到「總而言之……」，絕大多數人應該都期待緊接著會聽到「結論」。然而在現實生活中，接在「總而言之」之後，有不少人可是會說出「完全未經過匯總整理的話」。例如，在下班前的會議中，主管對業務員說「請簡短總結一下今天的工作」，於是該業務員便如同以下這麼回答。

總而言之，今天早上被您指責說若是再努力推一把，應該就能早點拿到訂單，這讓我很苦惱。因爲我想照著您的指示處理目前進行中的案子，但正在進行的這個案子，其決策者距離我太遠，推起來可能有點困難，若是有什麼好點子，希望您可以給我些建議。總之現在能做的就是……

像這樣，即使自己一開始說了「總而言之」，但卻還是囉哩囉嗦地說出一大堆沒有重點的話，我想很多人都遇過這種情況。或許當事人有試圖要總結，可是周圍的人仍會不禁覺得「根本毫無條理……拖泥帶水還超級囉唆」，於是便呈現有點傻眼的狀態。

✦想從結論講起，卻無法做到的原因

不少主管都抱怨過「有的部屬講話毫無組織」、「有的人無法從結論開始講起」。

舉個例子，有位主管請工程師針對是否可採用某產品提出調查報告，並要求報告時要「從結論開始講」，結果該工程師卻說出「結論就是，一開始我做了如○○的調查。而調查方法為……」這樣的話。

其實主管想聽的是「採用的可能性」，而不是調查的過程。於是那位主管嘆了一口氣說：「原來也是有人只把『從結論說起』當成一種形式在講呢……對於這種人，該怎麼辦好呢？」

這些人到底為什麼無法直接說出「結論」呢？

主要原因在於他們無法妥善區分「重要的資訊」與「其他各種雜亂的資訊」。在無法區分清楚的情況下，腦袋常常是一團亂，亦即沒有經過妥善地整理，因此，就算說了「結論是……」，終究還是無法從結論講起。

那麼，如何才能區分「重要的資訊」與「其他各種雜亂的資訊」呢？

答案是，**要先弄清楚「結論」是什麼**。

商管書常常會提到「要從結論開始說起」，但所謂的結論是指什麼？能夠說明結論為何的人，意外地還挺少的。

在不知結論為何的狀態下，要從結論開始說起，眞的很不容易。

請回想一下〈黃金法則2〉提到的：「聰不聰明，是由他人決定」，是指站在對方的立場思考。只要知道對方所尋求的結論為何，要從結論開始說起就沒那麼困難了。

所以，**任何人都能從結論開始說起的最簡單方法，就是問對方所謂結論是指什麼**。例如，「不好意思，能否請您詳細解釋一下您剛剛說的結論是指什麼？我希望能夠確實理解。」

此時，主管如果眞的瞭解狀況，應該就會明確地解釋結論的定義。

若是主管無法明確解釋自己所尋求的結論為何，就會變成只是順著氛圍說出「給我從結論講起」。如果連主管本身都沒能理解結論是什麼，那部屬無法從結論開始講起也是理所當然的。

✢適用於所有人的「結論的定義」

不過當然，對方的結論指的是什麼，有時是無法直接詢問的。

被主管要求要從結論開始講起時，若和主管關係良好，或許可直接詢問結論是指什麼？但如果關係不好或者是爲了客戶做報告等，就不方便開口詢問了。

在這種情況下，請從**「對方最想聽到的內容」**開始說起。

也就是說，所謂「從結論講起」，其實就是要先說對方想聽的，而不是你自己想講的。無法從結論開始講起的人，其特徵包括一開始總是先說了些藉口，以及按照過程逐步說明。這些都是「自己想講的」。

自己想講的留待稍後。第一步，請先意識到對方想聽些什麼。

✢為什麼非得從結論開始說起不可？

一聽到「先說對方想聽的」這種說法，我想也有一些人會覺得「我要是知道對方想聽什麼的話，就不會這麼煩惱了」。

因此接下來，我就要一邊解說爲什麼非得從結論開始說起不可，一邊傳授能從結論開始講起的訣竅。

在一九八一年出版後便創下百萬本銷售紀錄的《科學寫作技巧》（暫譯）一書中，說明了應從結果開始陳述的理由。

為了方便讀者迅速判斷是否該閱讀此篇論文，因此將結論或內容概要做為〈作者摘要〉，緊接在論文開頭、標題及作者姓名等之後印出。

在我所引用的這段文字裡，最重要的就是「爲了方便讀者迅速判斷是否該閱讀此篇論文」這個部分。該書的作者木下是雄闡述，爲了讀者，有必要從結論或概要切入。

爲何必須從結論開始說起？終究還是爲了讓對方聽自己說話。但要讓別人聽自己說話，就必須考慮聆聽者的立場。

所謂結論，正如其字面意義所示，就是「論述的結局」，是發言者最後的終點，也是目的。

話是為了打開對方的開關而說

沒有明示出結論的發言，就是「不知道目的」的發言，相當於不知道目的地爲何的飛機。坐在不知要飛往哪裡的飛機上應該是很令人焦慮的，畢竟坐上飛往沖繩的飛機和往巴黎的飛機，所需要準備的行李完全不同。

同樣的道理，在「定期報告」與「討論客訴處理」時，對方聆聽的態度也會完全不同。若是部屬和主管說話時，主管覺得他是要做「定期報告」，但實際上他卻討論起了客訴問題，這時主管很可能會回應：「你可以再說一次，好讓我弄清楚狀況嗎？」於是就會花費額外的時間。

相反地，若是一開始就先說：「我

想跟您討論一下客訴處理的方式」，再接著說明細節，聽話的人就會知道「看來要多花點時間」或者「似乎需要釐清一下狀況，做個筆記才行」等，而先做好準備。

換言之，**從結論開始說起，就是一種打開對方的「聆聽開關」的行為**。而從對方想聽的開始說起，正是打開對方聆聽開關最簡單的辦法。

在開口說話前，請先想想你希望對方以什麼樣的心情聆聽？你想打開哪種開關？以「雖然只是小事，但……」起頭的話，對方也會覺得若是很忙，就隨便聽聽即可，而用「有件複雜的事情想跟你商量」爲開頭的話，則可以打開對方認眞聆聽的開關，下次請務必嘗試看看。

要從對方想聽的開始說起，而不是先講自己想講的，這樣才能打開對方的聆聽開關。

需要區分事實與意見

在前面的內容中，我已告訴各位如何透過以「結論是什麼」爲思考軸心，來整理自己的發言，並深化思考，進而把話說得更清楚易懂。

接下來，要再介紹另一種可把話說得清楚易懂的思考軸心。那就是區分「事實」與「意見」。以如下的對話爲例：

抱歉昨天生意談到一半我就先離開了。結果客戶有決定要委託我們了嗎？

我想應該是沒問題。

沒問題的意思是……？我想知道到底是決定了還是沒決定……

嗯，還沒決定。

這是經常會出現在新人與主管之間的對話。說話時不僅無法從結論講起，還「無法區分事實與意見」，屬於說話難懂的典型例子。

此對話接著如下繼續發展。

這樣啊，我以爲應該就這樣決定了……客戶有提到任何疑慮嗎？

似乎是對金額不滿意。

我再問你一次，客戶有「說」他不滿意嗎？

也沒有，確實……應該是沒這麼說。

那你爲什麼說對方覺得不滿意。

嗯……

我再問你一次，爲什麼會這樣說呢？

嗯……對方確實有問到，在金額方面是否還有商量的餘地？

商量是吧……那你怎麼回答？

我自己做不了主，所以就說我要回去跟主管討論。

那客戶怎麼說？

對方似乎接受了我的說法。

我是問，客戶實際上說了什麼？

喔，抱歉。那個……他說「我瞭解了」。還有，我剛剛想起來，他還說報價希望能用指定的格式。

就像這樣，當說話的人無法區別事實與意見時，要透過他的話來瞭解狀況，所需花費的時間往往是平常的三倍。

大腦會為了方便而擅自替換

那麼，爲什麼會發生這種現象呢？

行爲經濟學家丹尼爾・康納曼曾經說過，**人被問到困難的問題時，會自動將其替換為簡單的問題。**

好了，提問的時候又到了。

問題5 你現在有多幸福？

對於這個問題，回答「應該還不錯……」的人很多吧？

擅自將困難的問題替換成簡單的問題

若是要精準地回答此問題，就必須先定義「幸福」，估算過去的幸福程度，再和現在的幸福程度做比較後，才能說明現在有多幸福。但這實在是非常麻煩又困難。

於是多數人的大腦都會擅自將之替換為「現在的自己感覺怎麼樣？」然後就做出「還算不錯」之類的回答。這就是丹尼爾・康納曼所謂「捷思法（Heuristic）」的大腦功能。

在剛剛主管與部屬的對話例子中，對於主管的「結果客戶有決定要委託我們了嗎？」這個問題，若是要精準地回答，應該要像這樣：

客戶沒有當場決定。因爲他問我在金額方面「是否還有商量的餘地？」不過，只要在金額上達成共識，問題就解決了，所以是有可能下單的。

只是要想出這樣的答案，對這位部屬來說實在太麻煩了。於是部屬就把「結果客戶有決定要委託我們了嗎？」擅自替換成了「你覺得能拿到這筆訂單嗎？」於是便只回答了自己的想法：「我想應該是沒問題。」

這就是無法區隔「事實」與「意見」的人的眞面目。

能否區分「事實」與「意見」的測驗

說話無法區分「事實」和「意見」的人，會被視爲「工作做不好的人」。

例如，我做爲面試官參與招聘工作好幾年，總會遇見被問到：「那時你採取了什麼樣的行動？」對方卻只回答如「我就盡力而爲」等自我感受的情況，像這種無法準確回答問題，亦即說話無法區分「事實」和「意見」的人，都會第一個被我刷掉。

此外，這種能力在美國被視爲是一種基本素養，就連小學生的教科書裡也經常一再反覆出現「區分事實與意見的問題」。比方說以下的例子：

問題 6

① 喬治・華盛頓是美國最偉大的總統。
② 喬治・華盛頓是美國的第一任總統。
哪一句是在描述事實呢？

正確答案是②，不過更重要的是，該教科書還繼續針對區分事實和意見做了如下的說明。

所謂事實，是指能夠提出證據來證明。

所謂意見，則是某人針對某事做出的判斷。而對於那樣的判斷，其他人可能同意，也可能不同意。

——摘自《科學寫作技巧》

這是以小學生爲對象所做出的說明，不過對商業人士來說，這解釋或許也很足夠了。只是，對於商業人士，通常會用更難的問題來測試能否區分事實與意見。

例如以下這題，便是名爲GMA test（一般心智能力測驗，常用於顧問公司等的招募活動）的測驗題目之一。

問題7

「關於市場，野心或慾望等，依舊是包含股票市場在內的整個商業系統的主要原動力。」此文章作者所主張的是以下選項中的哪一個？

Ⓐ 大多數的人都很貪心。
Ⓑ 有部分的人由於不貪心，所以會避開股票市場。
Ⓒ 慾望賦予了人們進行商業活動的動機，股票市場的操作便是其中之一。
Ⓓ 在股票市場上，也有毫無慾望的人存在。

出處：《General Intelligence Test & Mental Ability Test》

不擅長處理「事實」與「意見」的人，可能是將自己的既有成見或意見視爲最優先，以致於無法做出適切的回答。或許有些人會爭辯說「從這點根本無法看出一個人的工作能力」，但事實恰恰相反。

有許多研究都證實了一般心智能力測驗是「在預測聘雇後的表現方面，精準度最高的手法之一」，故此測驗經常被外商公司及顧問公司等的招聘活動所採用。

最後補充一下，這題的答案是Ⓒ。

說話時妥善區分「事實」與「意見」的訣竅

那麼，這種能力是可以透過後天學習的嗎？

我個人認爲這是「可以學習的」。畢竟這是「專注力」的問題，而不是「聰明」與否的問題。

依據前述丹尼爾・康納曼的說法，捷思法負責的是大腦的「快思考系統」（＝直覺的部分）。也就是說，一旦反射性地回答，大腦便會無意識地將其替換成簡單的問題，於是就無法提出精準的答案。因此，若要避免說話時混淆事實與意見，就需要使用大腦的「慢思考系統」(≒邏輯性的部分)。

透過「檢查想說的內容之訓練」,而非反射性地回答,就可以改善此毛病。借用先前提到《科學寫作技巧》一書中的說法,亦即不要反射性地回答問題,而是要喘口氣先想想這兩點:

- 那是能夠證明的事實嗎?
- 還是自行做出判斷的意見?

想過之後再回答即可。只要養成這樣的習慣,漸漸地,便能於說話時妥善區分事實與意見。

把「意見」講得像是「事實」的人

剛剛我提過,要在說話時能區分事實與意見,需要的是專注力。而必須注意的就是如前述新人與主管的對話那樣,在該回答事實的時候卻說出意見的情況。

不過，還有另一種很多人都容易發生的狀況。那就是，把「自己的意見」講得有如「事實」一般。最簡單易懂的例子就是把「大家都這麼說」掛在嘴邊。像以下這樣：

現在的年輕人眞是缺乏毅力啊。

是嗎？

那個最近才剛分發過來的新人，下個月就不做了。

欸～這樣啊。

我們年輕的時候，可都是咬緊牙關，忍受前輩們嚴苛的訓練呢。

等等，你怎麼知道新人缺乏毅力？你又沒直接指導新人。

嗯，大家都這麼說啊。說那傢伙缺乏毅力。

……你說的大家，眞的是「大家」嗎？

嗯……就田中先生和鈴木小姐……吧。

（這個人眞是糟糕……）

像這樣把自己的主觀意見當成事實來陳述，絕對不是頭腦好的人該有的態度。

如何擁有自己的意見

有的人會把「意見」講得像是「事實」般，另外也有一些人總是人云亦云，沒有自己的主見。

有時聽某些人說話，會覺得「這個人並沒有自己的想法」，此外，也有一些人是不擅長表達自己的意見。把意見籠統地說出來並非明智的態度，但總是人云亦云也會讓你變得很無趣。

那麼，到底該怎麼做才好？

讓我們再針對「意見與事實」進行更深入一點的探究。

當我提出「說話要區分事實與意見」時，有些人便會問：「那感想呢？我的感受是不爭的事實啊⋯⋯」的確，當事人的感受是事實，但那只是主觀的事實罷了。其感受除了「我就是這麼想的⋯⋯」這一理由之外，根本無法向他人證明。

而能夠證明的事實，才是客觀的事實。

那麼，意見又是什麼呢？

意見說到底也只是個人的想法罷了。換言之，意見是主觀的。但意見不是感想。所謂意見，是藉由爲主觀的事實添加證據，使之成爲他人也可接受的形式。

例如，「〇月〇日京都下了雪」便是可證明的客觀事實。那麼，「怕冷的人應該要選擇住在大阪而非京都」屬於感想嗎？還是意見？

如果只是大阪人於冬天走在京都街頭而覺得「好冷……冬天的京都眞是不適合居住啊」的話，那就只是感想而已。但若是依據曾居住大阪五年及京都五年的經驗而說出這些話，那就會是基於實際經驗的「意見」。

換言之，所謂「擁有自己的意見」，可說是**「從主觀事實的感想出發，透過蒐集證據，使其成為他人也可接受的形式」**。

請回想一下〈第8章〉介紹過的「讓發言有深度的訣竅」。

①研究過與自己立場「相同及相反」的意見。

②調查過統計資料。

應用在此例中，等於要調查「京都的冬天很美好」的反方意見，或是找來京都和大阪的冬季氣候資料等等，以使其成為更具說服力的意見。

別因為害怕被批評「那只是感想吧？」而隱藏自己的意見。大家一開始都是從主觀事實的感想出發的。

・在需要提出事實的時候，不陳述意見。
・不把意見講得像是事實一般。

請務必試著於意識到這兩點的同時，努力讓感想昇華為意見。

整理的思考法　那是事實、意見，還是感想？

事實

可證明的客觀事項。

感想

無法證明的主觀事項。

意見

爲主觀的、從感想出發而具有他人也能接受之根據的東西。

含有實際經驗，若提出反對意見或相關資料，便會成爲「更具深度的意見」。

注意　別混淆了事實與意見！

① 該回答事實的時候，卻說出意見。
→查核事實要花時間。

② 明明是意見，卻講得像是事實。
→會被視為是主觀很強烈的人。

第10章

「傾聽」的思考法

——在好好思考前，先好好聆聽

本書的目的，是要釐清有「好好思考的人」所指為何，並傳授讓任何人都能成為聰明人的方法。

而本章則要說明為了能夠「好好思考」而必須做到的「好好聆聽」是指什麼，請各位也一起來想想看。

主管的話、部屬的話、客戶的話、老公的話、老婆的話、孩子的話……你都有好好聆聽了嗎？

「聆聽」與「好好聆聽」之間的差距

人類是一種不與他人互動就無法生存的生物，其中，「聆聽」又扮演了溝通的基礎，但不知爲何，比起如何表達，該怎麼好好聆聽卻更容易被忽視。這恐怕是因爲聆聽比說話更爲被動，而讓人們認爲「任何人都做得到」的關係。

的確，聲音會自然地傳進人耳裡，如果「只是聽」的話，任何人都做得到；然而，要好好聽他人說話可就不容易了。換句話說，「聆聽」與「好好聆聽」之間存在著極大的差距。

在顧問公司工作時，主管告訴我：「要積極地聽對方說話」。

剛進公司第一年，被某公司老闆說了一句代表我顧問工作做得很失敗的話之後，爲了重新贏得信賴，我所做的第一個努力就是「好好聆聽對方說話，找出其煩惱所在」。

爲了要能夠好好思考，就必須好好聽對方說話，而實際上，能力好且備受景仰的人，都是會好好聆聽周遭人們說話的人。

重視聽對方說話甚於自身發言的人能夠獲得信賴，而最終，也能夠因此讓對方願意聽自己說話。

假裝在聽很容易，好好聆聽很困難

討論如何聆聽的書籍和討論說話方式的書一樣，裡頭多半都列舉了各式各樣的技巧，像是答腔附和、有所共鳴、重複對方的話等。但若只是運用這些技巧，儘管能做到假裝聆聽，仍然無法做到好好聆聽。

看似有在聽、但實際上根本沒在聽的人非常地多。

舉個常見的例子來說明吧，假設主管要求部屬去和客戶一起聚餐聊聊，並指示部屬要「好好聽出老闆有沒有碰到什麼課題」。事後，主管與部屬之間很有可能會出現如下的對話。

聚餐的情況怎麼樣？

很開心啊！我充分瞭解了老闆創業時的想法！

有什麼可能成爲下一筆生意的線索嗎？

這部分我有點擔心……他似乎沒有說太多關於自己遇到的問題……

是喔？他也許沒有明講，但那位老闆眞的很煩惱耶。尤其是和高階主管之間的關係，他不時會在對話中流露出來呢。例如「他還可以做得更多」或是「還需要更多的溝通」之類的。

那個……讓我想想，他有說了什麼嗎？

……你眞的有好好聽人家講話嗎？

我對這部分沒什麼自信……

這位部屬並不是沒在聽老闆說話，也沒有在談話時東張西望或滑手機。但可惜的是，這樣做並不代表就有好好聆聽對方的話。

在上述案例中，主管與部屬的「聆聽」之間，到底存在著怎樣的不同呢？以及爲何會出現這種溝通上的差距呢？

有些人只截取自己聽得懂的部分

我經常聽到經營者或管理階層抱怨：「有的員工完全沒在聽顧客說話。」

而那些所謂沒在聽顧客說話的員工，似乎都是看起來「擅長傾聽」的人。他們會記筆記、點頭、答腔附和，而且不會打斷對方的話。

儘管如此，卻還是會被職場的同事或客戶埋怨說：「那個人，真的完全沒在聽別人講話呢。」

即使在顧問公司裡，也有這種「沒在聽顧客說話的人」。分享一個過去我對部屬們針對顧問工作說明今後公司政策時，所發生的事。

中小企業由於財務體質沒那麼強健，無法馬上就簽下高額的顧問合約，所以我們在面對中小企業的新客戶時，一開始這類型的「顧問服務」是很難賣的。不過我逐漸瞭解到，這種時候，培訓是很有效的「入門產品」。因此今後，我們要專注於培訓的業務上。

當我如此說明後，便有人提出如下的疑問。

專注於培訓的意思是，我們不再做顧問服務了嗎？

我聽得一頭霧水。我根本沒提到任何關於「不再做顧問服務」的事。相反地，我甚至還明白地說了「培訓是很有效的入門產品」。由於實在覺得太過匪夷所思，於是我就反問了他。

我剛剛說的話，你是怎麼解釋成「不再做顧問服務」的？

因爲您說今後我們要專注於培訓的業務上。

我忍住想吐槽他「請不要擅自想像我沒說的話」的衝動，努力耐著性子解釋道：「培訓只是入門產品，最終目的還是要讓對方簽下顧問合約。所以我們是不可能放棄顧問服務的。」

請回想一下，以前在小學教室裡，老師對著學生們大吼「大家安靜！聽我講話！」的情境。這種情況下的問題在於「學生不想聽老師說話」。

然而出了社會後，經營者或管理階層所抱怨的那些「沒在聽人說話的人」，並不是不想聽對方說話；而是他們明明在聽，卻聽不見。**因為這些人在聆聽時，只截取了「自己能夠理解的部分」**。

在剛剛的例子中，說出「我們不再做顧問服務了嗎？」這句話的同事，有可能打從一開始就抱持著否定、抗拒的情緒在聽我講話。如果不打算準確地聽清楚對方的發言，而是原本就爲了自己想說些什麼看法才聽，那麼，也難怪那位同事只能聽到一部分的內容，而沒有掌握到重點。

就「沒在聽人說話的人」而言，這位部屬算是比較極端的例子，畢竟人類或多或少都有爲了自己方便而擅自替換語境的習慣。

還記得於本章開頭提過的那個沒能在聚餐時聽出對方課題所在的部屬，恐怕他內心只對該名老闆的創業故事有印象，因爲那部分「對他自己來說很有趣」。但對於重要的、主管最在意的「課題」部分，很可能由於「他自己不太懂，又沒有多大興趣」，於是就忽略了。

不過相反地，他的主管則是仔細關注著該老闆說的每一句話，而留意到了不時出現在對話中的對方與高階主管間的摩擦。

一般來說，老闆們都不會明白地說出「這是我們的課題」，畢竟要對他人講出自家公司的問題實在很丟臉。他們頂多只會暗示一下「人的事情真的是很難處理呢」之類的，讓你嗅到一點端倪而已。

別在他人說話時，只想著自己想說的

就像先前那位主管發現了老闆與高階主管之間有摩擦一樣，多留意細節也是好好聆聽的一部分。

換言之，你不能只聽自己喜歡的、有興趣的，仔細傾聽細節並感受對方的想法，才是所謂的「好好聆聽」。那麼，怎樣才能夠「聽到細節」呢？如果只是呆呆地聽，正如剛剛說明的，就僅僅會截取到自己能夠理解的、只聽到自己想聽的。

讓我們想想看，有智慧而受到愛戴的人，傾聽別人說話時都在想些什麼？

人在「聽」別人講話時，所思考的內容可分爲以下兩種。

①邊聽邊思考自己想說的。

②邊聽邊思考對方想說的。

頭腦好的人在聽別人說話時，所思考的事

1 邊聽邊思考自己想說的

在聽別人說話時，有些人會滿腦子都在思考接下來自己要說的話，例如，不停想著

要如何反駁等等。這樣是無法好好聆聽對方說話的。

這種人是爲了「透過否定別人的發言來讓自己有獲勝的感覺」而傾聽。身爲一個人，這是一種不成熟，甚至可說是很幼稚的態度。

或者，也有一些人會邊聽邊想著：「我得要說點什麼漂亮話才行，讓我來解決他的煩惱吧。」這比反駁好，但這種人以「讓我來提點他」爲前提，並沒有眞正地好好聽對方說話，因此也稱不上是成熟而有智慧的態度。

總想著「讓我來教他」的人，會爲了解決問題而丟出自以爲對另一方好的話，像是「只要做○○就好了」、「怎麼不○○呢？」、「不必煩惱那種事，反正○○」、「很簡單啊，你就做○○就行了啊」等。

但「讓我來教他」很多時候都只是多管閒事罷了，對方根本沒有期望被教導。這時，「教導對方，對方就會感謝我」或「證明自己更優秀」才是傾聽的眞正目的。

諸如此類的態度，**都好像是在替對方想，但其實只是邊聽邊想著自己。這看在對方眼裡，完全是以自我為中心罷了**。雖然絕對不是呆呆地聽，可是從對方的角度看來，還是會覺得「這個人眞的有在好好聽我說話嗎？」也就是一種感覺有在聽，但實際上沒聽進去的狀態。

此外，由於有自己想說的，也會因此無法隨機應變。甚至有時明明話題已轉往不同的方向，卻還硬要拉回來。

偶爾也會有一些面試官是在心中「已有答案」的狀態下進行面試，這時候也會變成好像有在聽對方說話，但其實滿腦子都想著自己想說的話。

2 邊聽邊思考對方想說的

相對地，能夠好好聆聽他人說話的人不會亂插嘴，而是會思考「對方到底想說些什麼」。**首先，要試圖準確地理解對方所說的話。**

站在說話者的立場，一旦對方是用這樣的態度聽自己講話，自然就會覺得「對方有準確地接收到我所說的內容」。若是再進一步帶著向對方「學習」的意識聆聽，就更能獲得對方的信賴。

我從學生時代的恩師那裡學到了一件事——若你覺得現在「人生過得不怎麼順利」

的話，只要仔細聽別人說話，人生就會好轉起來。

那些有智慧而受到愛戴的人，都會仔細聽別人說話。在至今爲止我所遇見的許多經營者之中，即使面對的是年紀比他們小了一輪以上的我，也有人會抱著「學習」的心態聽我說話。

在這樣的態度中，存在著「尊重說話者」的基礎。正因爲尊重，對方也會感覺說起話來非常輕鬆。也就不覺得是「對方在聽我說話」，而是變成「彼此在對話」，進而創造出更深層的信任感。

而認眞思考「對方到底想說些什麼？」的聽話者，則是以怎樣的態度在傾聽呢？

接下來將要討論的態度，就是能夠讓人生好轉、仔細聽別人說話時該有的樣子。

有智慧而受到愛戴的人的傾聽態度

仔細傾聽時該有的態度1 不肯定也不否定

輕易說出「我懂」可是會被討厭的。但是說出「才不是」來否定對方也會被討厭。

能夠好好聆聽的人，通常不肯定也不否定，而是會答腔附和著「是這樣啊」、「原來如此」。總之，要先讓對方輕鬆自在地把話說出來。

仔細傾聽時該有的態度 2 不評斷對方

一旦對另一方的話有所評價，便會在不知不覺中顯露於態度上。爲了能不評斷對方，傾聽時，務必徹底將其發言視爲對方的個人想法，而沒有「好壞」之分。就算很想評斷，也要想著「若你這麼認爲的話，那就是這樣了」。

仔細傾聽時該有的態度 3 不輕易說出意見

即使被問到：「你覺得呢？」也不要立刻說出自己的意見，這點很重要。不可以輕易給出建議。

對方並不是眞的想聽你說話，他只是想要安心而已。因此，這時要給出「我覺得就跟你想的一樣」、「我覺得你說得很對」並等對方所期待的回應。總之，要先把對方的話好好聽完。

仔細傾聽時該有的態度 4　談話中斷時，寧可沉默

當對方說著說著突然停下來時，請先稍微保持沉默，等待對方再度開口。不能害怕談話間的沉默。

如果對方似乎在尋求你的回應，就看著對方並輕輕點頭即可。這樣一來，對方便會再度開始說話。

仔細傾聽時該有的態度 5　徹底發揮自己的好奇心

即使對方看起來很普通，傾聽時也要意識到，每個人都有一些有趣的故事，而且每個人都是某方面的專業人士。

如果覺得對方的話很無聊，那是因爲自己的好奇心不足的關係。

而將對方的話準確地聽完後，會思考「對方希望我說些什麼？」的人，往往就是有智慧而受愛戴的人。比方說，思考「對方是希望我稱讚他嗎？」、「是想要聽到一些有所共鳴的話嗎？」、「是在尋求解決方案嗎？」、「是想要建議嗎？」、「是希望我安慰他嗎？」等等。

如果你有好好地、準確地聆聽對方所說的話，應該就會知道對方期待自己做出什麼樣的回應。

千萬別在對方說話時思考自己想說的，務必先準確地聽取對方想說的。

別輕易給建議，先整理好對方所說的話

被另一半或朋友、後輩找去商量事情，出於善意而給了對方「建議」後，對方卻不買帳，而且還很不高興……像這樣的經驗你是否也曾有過？說來丟臉，這種經驗我還挺多的。事後我還會責怪對方：「你為什麼不照我說的做？」把關係搞得更緊張……在職場上，偶爾也會看到這種情景。

其實提供建議這種行為，需要非常高度的溝通技巧。

剛成為顧問的我曾認為「顧問就是一種提供建議的職業」，但實際上，我的主管卻跟我說「別輕易給出建議」。

✦「誰說的」比「說什麼」重要

建議再怎麼正確，也無法讓人動起來。因為人不是用理智來行動，而是用情感來行動的。

舉例來說，我因為工作的關係，親眼目睹了許多主管因「不誠懇的員工」而煩惱不已。不管你說什麼，這些人都只會給出敷衍的回應，行為卻從不改變。若問他：「為什麼不改變你的行為？」對話便會以「沒時間」、「沒權限」、「我也不知道」、「因為我不想」等回答告終。也就是說，人的本性就是會爲自己「沒興趣」的事物想出各種使其合理化的藉口。

對於這樣的人，不論主管再怎麼給予建議，說著「這樣做就會改善喔」，他也還是聽不進去。但令人驚訝的是，有時只要換個人來說，他就聽得進去了。例如，光是改由當事人喜歡的同事對他提出建議，而非由主管開口，便可能讓他把建議付諸行動。

這正是因爲「誰說的」比「說什麼」更重要的關係，唯有在當事人相當尊敬、欽佩對方時，才可能接受其建議並付諸行動。

不是給建議，而是要指揮交通

進入顧問公司工作了好幾年後的我，開始認知到顧問並不是一種提供建議的職業，而是一種「指揮交通」的職業。因爲實際上，顧問工作絕大多數時候都是在傾聽經營者的煩惱、找出問題點並加以整理。

所謂的整理，就是一種「丟掉不需要的，只留下必要東西」的行爲。

因此，「整理對方的話」即是從對方所說的話中，捨棄多餘的資訊，只留下爲了做出判斷所需要的資訊。藉由一邊整理一邊聆聽對方的話，便能讓說話者本人更深入理解自己的想法，進而得以付諸行動。這種邊整理邊聆聽的技巧，不僅限於顧問工作，在各種場合都能發揮作用。

以幾天前發生在我身上的事爲例。當時我因爲出差而人在機場，卻突然接到老婆打來的電話。由於快要登機了，我擔心是發生了什麼大事，所以趕忙接起電話。

小孩要穿的七五三[1]租賃服裝，我無法決定選哪個好，所以來找你商量。

老婆如此說道。由於要趕著登機，必須在短時間內回應老婆的煩惱才行。於是我選擇了先好好「整理」。首先是確認目的。

1 日本的兒童節。

妳是想從剛剛傳來的照片裡，選擇其中的一套服裝，對吧？

對。

這時，很容易犯下的錯誤是，只看了「照片」後，就直接說出自己的喜好。這樣老婆肯定是不會接受的。因爲這麼做，等於是在強迫推銷我個人的偏好，根本沒有在好好聽她說話。

另外，開口展現自己的淵博知識，說什麼「七五三的服裝原本就是該……」之類的話，也是相當糟糕的行爲。

告訴我你猶豫的點是什麼吧。

於是我老婆便開始說了。

首先，價格〇〇日圓和△△日圓，差距很大。

嗯，確實差滿多的。

但以顏色來說，比較貴的這套感覺起來很鮮豔又新穎。

嗯。這樣啊。

孩子們似乎都比較容易被鮮豔的色彩給吸引。

嗯。

不過，就算選了較鮮豔的那套，能在神社拍照的時間也已經很晚了，好像要到下午四點以後了……

啊，這樣的話，天色已暗，不太可能在神社拍照，那就只能到照相館拍合照了。

對啊。所以我很猶豫。

這時我決定來刪除「不必要的資訊」。

首先是價格，之前爺爺奶奶是不是有說過可以幫忙出一點錢？

有。

這樣的話，我覺得以判斷的基準而言，價格就沒有那麼重要了。

確實如此。

然後，「孩子們的喜好」不是都變來變去的嗎？比較不值得優先考量吧？

嗯～好像是這樣。的確，也不能只根據孩子們的愛好來決定。

而且問過爺爺奶奶後，搞不好又會改變心意。

確實。

這樣的話，要考量的重點就只剩下「時間」了，不是嗎？即使只能從傍晚開始租也沒問題嗎？

嗯，我知道了。讓我再想想看。

一邊整理一邊聆聽的技巧

那麼，怎麼做才能一邊整理、一邊聆聽對方的話呢？接下來就要告訴各位有助於準確理解對方話語的重點。

1 確認目的

當有人找你商量任何事情時，首先應該做的就是「確認目的」。但要注意的是，這時你必須做的僅僅是「確認」而已，並不包括「給予進一步的建議」。因此，簡潔地「重複對方的話」是確認目的時必要的行爲。前面提過的「重複對方的話」這種技巧就是要用在這裡。

絕對不要用你自己的話來說，要用對方的話來回應對方，如此才能讓對方覺得「這個人有想要好好聽我講話呢」。

2 傾聽其想法

任何人若是遇到該找人商量、討論的課題時，其實自己心中多半都已有了某些解決辦法。或者，到目前爲止已經歷過一段煩惱的過程。

因此，確認目的後，若沒有好好聽對方的解決辦法或煩惱歷程，而只是一股腦兒地說出自己內心的想法，很多時候都會讓對方感到不滿，覺得「這個人都沒有要聽我的想法和感受」。所以一定要記得先傾聽對方的看法，讓對方把一切的困惑與糾結全都一吐爲快才行。

3 整理對方所說的內容，協助其做出決策

對方會來找你商量，就是因爲有某些阻礙決策的因素存在。

若能聽出對方「我想這樣做」的想法，就請順勢推他一把。沒必要說出自己所想的解決方案或建議。

若對方執意要做某件事，對於其矛盾、不合理之處，只要確認「這部分是～呢」即可。如此一來，對方應該就會覺得「我的話有被理解了」。

而如果對方並沒有「我想這樣做」的想法，那麼，僅止於聽聽對方說話就行。這個人應該只是希望你聽他說話而已。

至此爲止，作爲一種「傾聽」的思考法，我已闡明在好好聆聽的同時，應有的態度及技巧。人類總是不自覺地想要自說自話，或者自以爲是在替對方想，於是便自顧自地表達意見、提出建議。

正是在這種時候，別忘了要一邊整理一邊聆聽對方的話，並在採取於傾聽的同時思考對方想說什麼，而非自己想講什麼的態度。

在學會了「傾聽」的思考法後，下一章讓我們更具體地進一步深入探究，來瞭解關於「提問」的智慧。

越是想提出建議，就越是要一邊整理一邊準確聆聽對方的話。

第 11 章

「提問」的思考法

——深入詢問與請教的技能

毫無疑問地，聰明人都擅長問問題。要說從提問就能看出一個人「聰不聰明」，可是一點也不為過。畢竟人一旦問出牛頭不對馬嘴的問題，很可能就會讓對方覺得「你真的有好好聽我講話嗎？」或是「自己用大腦想一想吧！」

相反地，透過妥善提問，便能順利引導並得知對方想說的和自己想知道的。而所謂的擅長傾聽，就是運用好的提問，深入發掘就連對方本人也沒注意到的部分，一起深化思考。

此外，一個新人是否能把工作做好，也可以從他擅不擅長問問題這點來判斷。因為擅長提問的人，相當懂得請教他人。而懂得如何請教他人的人，不論在哪個領域、哪個業界，都能做出好的成果。

本章便要從「深入詢問的技巧」與「請教的技巧」兩個方向，來釐清頭腦好的人在問問題之前究竟都在想些什麼。

藉由溝通來
讓對方說出更多資訊

首先，爲各位講解一下深入詢問的技巧。

若是想要更深入理解對方，就必須透過問問題的方式來促使對方說出更多資訊。那麼，該問什麼樣的問題才好呢？

「吶，可以再多告訴我一點嗎？」直接這樣問是無法深入瞭解對方的。

與他人談過後感到心情舒暢的一刻

你是否也曾有過跟某人聊過之後，便覺得「心情舒暢」的經驗？

不論是商量未來出路、談工作上的煩惱，還是諮詢戀愛問題等都行。之所以會有舒暢的感覺，應該是因爲「未言語化的想法」變得更清楚明白的關係。人不見得總是能夠清楚地認知到內心所想的事情，正因爲明明是自己的事，卻連自己也搞不清楚，所以才會格外鬱悶。

人在鬱悶的狀態下也無法採取行動，所以經常會因此感到痛苦。當鬱悶的事情被言語化，而變得更加清楚明白時，人就會知道自己該做些什麼，於是便能夠進一步採取行動。就像以下的例子：

「我一直很煩惱跟主管之間的人際關係，原來問題的根源是在於這些價值觀啊。那就徹底把主管當成價值觀不同的人來相處就好了。」

「我本來在苦惱要不要換工作，但原來我真正想做的其實是這個啊！」

「我原本煩惱了很久到底該跟男朋友結婚還是分手，但原來我只是因為討厭公司想離職而已。」

在〈黃金法則3〉中提到「人會信任確實有在為自己著想的人」，而本章所介紹的「深入詢問的技巧」則是一種一邊溝通、一邊與對方共同深入思考，藉此建立互信關係的方法。

所以在跟某人商量後，會覺得幸好有找人討論而且還想再多聊一聊的情況，並不是發生在對方告訴了你正確答案的當下，而是發生在對方與你共同深入思考、一起找出答案的時候。

在第97頁中，我曾提到不是假裝聰明而是假裝不知道的A先生與客戶間的對話。這位A先生正是以「不立刻提出答案，而是和客戶一同思考、一起找出答案」的溝通風格，贏得了客戶的信賴。

這樣的技巧並非只能用於煩惱上的諮詢。即使是工作中的開會討論，也是有些人說話僅止於表面，有些人做報告或提出建議時則能夠觸及核心，而當然，以開會來說價值較高的是後者。

我自己也曾多次受惠於與人「商量」的經驗。例如，有一次我參與了和邏輯思維有關的研討會教材製作工作。在該教材的開頭處必須放入「什麼是邏輯思維？」的一段說明，但不論我怎麼努力地到處搜尋，都找不到邏輯思維一詞的精準文字定義，在煩惱了一陣子後，只好找主管商量。

當我老實地跟主管說我找不到「邏輯思維」簡單易懂的定義時，主管立刻反問我：「那你認為邏輯思維是什麼呢？」

「我認為，所謂的邏輯思維，可大致分成演繹和歸納。」

聽了我的回答後，主管便接著說：「乾脆說是『合乎道理』不就好了嗎？」

然後他還找了其他人，讓大家一起針對邏輯思維替我想個簡單易懂的定義。最後則是定義為「所謂的邏輯思維，就是合乎道理的想法」。

現在回想起來，比起囉囉嗦嗦地解釋什麼是演繹和歸納，這樣的定義顯然更基礎、更容易理解。

那位主管，眞的是一位很擅長帶領別人一起深入思考的人。找他商量不僅能讓我注意到自己沒留意到的課題，甚至還能獲得公司內其他人的協助。如果是這樣的主管，應該就會讓人覺得「幸好有找他一起討論！」吧。

能夠注意到自己一個人沒留意到的部分。這也可說就是人們之所以與他人溝通的主要理由。

在私生活中也一樣。喜歡的動漫、看了很感動的電影、對於旅行的感想等。雖然說沒必要總是談論事物的本質或關鍵，但偶爾也會想要深入探討一下。

最後容我再次強調，爲了要能夠關注到本來不曾留意到的，深入詢問的技巧必不可少，我將於下一節進一步說明。

溝通的真正樂趣就在於，透過與對方一同深入思考，進而注意到自己一個人沒留意到的部分。

以結構化面試法，找出更重要的特質

接下來便要爲各位介紹具體的深入詢問技巧，也就是一些提問方法。

顧問通常必須在有限的時間內，一邊與對方建立互信，一邊掌握企業所面臨的問題本質。因此，一種被稱爲「結構化面試」的技巧就很值得參考。

目前企業在招募員工時，基本上都是透過面試的方式進行。可是要在30～60分鐘的面試時間內，看清應徵者的本質，並判斷是否適合自家公司，並不是件容易的事。

我本身除了曾以顧問身分，在參與企業的招募活動時擔任面試官外，現在也會參與自家公司的聘雇工作，所以我深切地理解面試眞的一點也不簡單。

因爲絕大多數企業終究都會依據面試官的喜好或第一印象，來決定合格與否；事實上，已經有研究發現，目前這樣的面試方式對於預測應徵者進入公司後的表現幾乎毫無幫助。很多公司在所需的人才與所聘用的人才之間出現了差距，明明是特地花了很多成本雇來的人，卻「很快就離職」的狀況並不罕見。

曾任Google資深人資長的拉茲洛・博克爲了突破此現狀、提高面試準確度所採用的，正是被稱爲「結構化面試」的方法。這種面試方式已被精神醫療領域及美國政府所採用，比起一般的面試，更能準確預測進入公司後的表現。

提問只有五種

依據美國政府發表的結構化面試手冊，結構化面試只有「兩種導入性提問」和「三種深入提問」，總共五種類型。

首先是導入性提問。

導入性提問 1 與「過去採取的行動」有關的提問

「你如何處理所遇到的狀況？」

例如詢問對方過去在執行專案工作時，曾做出怎樣的成績？又是如何做出了那樣的成績？而這種提問是基於「最能預測未來行動的，就是過去在同樣狀態下的行動」這一概念。

試著問問應徵者：「請說明當你面對難相處的人、敵對的人、有煩惱的人時，會如何處理？以及有誰參與其中嗎？你採取了什麼樣的具體行動？而其結果又是如何呢？」

導入性提問2 基於「假設的狀況來判斷」的提問

「若是處於～這樣的狀況下，你會怎麼做？」

與狀況判斷有關的提問是基於「人的意圖與實際行動密切相關」這一概念，亦即提出實際可能發生的工作情境或困境，然後詢問應徵者會如何應對處理。

比方說，「暴怒的客戶聯絡了你，說是五天前就該交的貨現在都還沒送到。客戶要求你現在立刻把貨備好，但你問了主管和工廠，他們都表示『立刻交貨是不可能的，請想辦法安撫一下客戶』。你會如何處理這樣的狀況？」

以這兩種提問之一，或是結合兩者，完成導入性提問後，再用以下的三種提問來深入探詢。

深入提問1 與狀況有關的提問

「那時候是怎麼樣的狀況？」

例如，假設在導入性提問①中，詢問應徵者：「請告訴我一個某人因煩惱而找你商量的經驗。」對方這麼回答：「我做過房仲業務的工作，當時曾有業績不好的部屬來找我商量該怎麼辦。」

這時，就可以進一步詢問：「具體來說，那是怎樣的狀況？」以深入瞭解當時的實際狀況。

深入提問 2 與行動有關的提問

「那時，你做了些什麼？」

假設應徵者回答了「先前任職公司的管理階層是屬於那種『我說了算，一切照我說的做』的風格，而我則是反其道而行地去瞭解基層在實務上的課題。」

這時，就可針對其回答詢問說：「在那種狀況下，你實際上做了些什麼？」、「採取行動時，你所重視的是什麼？」

深入提問 3 與結果有關的提問

「採取行動後，有發生什麼變化嗎？」、「基層是否有出現任何反彈呢？」

第三種提問是針對行動詢問其結果。

例如對於深入提問②的「在那種狀況下，你實際上做了些什麼？」若對方回答「我和分店的所有員工一一面談」的話，就可接著提出「那麼面談有帶來任何改變嗎？對於沒改變的人，你做了些什麼？」之類的問題。

私生活也用得上的萬能提問術

用於維持面試成效的結構化面試，還有其他的要點及規則，不過在此希望各位瞭解的是，**即使是聘雇面試，也只需要兩種導入性提問和三種深入提問就能搞定。**

雇用人力這件事需要花費很大的成本。雇用一名年薪六百萬日圓的員工，一年至少要花費六百萬日圓，若該員工任職十年的話，就要花費六千萬日圓。如此重大的決定，只需要運用這五種提問就行了。這樣的結構化面試提問技巧，可說是一種能在短時間內深入瞭解對方、觸及其本質的提問術。

而這樣的提問組合，也適用於面試之外的其他情境，甚至可以在私生活中發揮極大的作用。

例如，請想像一下「相親」時的場景。相親必須與初次見面的人在短時間內進行溝通交流，加深彼此關係，並判斷是否想跟這個人在一起。

如果藉由搭配結構化面試的五種提問組合，便能夠像下面這樣深入對談以瞭解對方。首先，使用導入性提問①。亦即詢問對方過去做了些什麼？

剛剛自我介紹時，你說你的興趣是音樂，那你在學生時代有玩什麼樂器嗎？

我在管樂團吹長笛。

這時，若不具備深入詢問的技巧，可能就會這麼說：

這樣啊，我沒接觸過樂器……從小學開始就一直都打棒球……

於是自顧自地說起了自己的事。

此時，請回想一下前面提過的〈黃金法則2〉。記住，溝通的主體是對方。對方明明沒問卻講起了自己的事，這不是頭腦好的人會做的事。

這時，最好運用深入提問①。進一步詢問狀況。

你曾經待過管樂團啊。我只知道管樂團裡有各式各樣的樂器，感覺像是個大家庭，對嗎？

人數相當多喔。高中時，所有年級加起來有六十人左右。

接著用深入提問②。也就是詢問對方針對該狀況所採取的行動。

人數這麼多的話，練習是分部或分年級進行嗎？那時的練習會很辛苦嗎？

是啊，整團依主題分成幾組，每天都練習到很晚呢。

然後再用深入提問③。亦即針對其行動詢問結果。

當時有去參加什麼比賽嗎？

有喔，不過雖然有出賽，但沒能進入全國大賽。我們在縣預賽中以些微差距不幸落敗了。

是喔。不過我覺得光是能在縣預賽中比到那麼後期，也是很厲害了。

這時可嘗試回到導入性提問②。也就是運用「假設～」、「如果～」的問法。

如果有時間，你還會想吹長笛嗎？

這個嘛……現在，比起自己認真吹奏，我比較想去聽別人演奏。我也很喜歡聽音樂，例如古典樂之類的。

太好了！如果是聽音樂的話，我也很喜歡。你有什麼推薦的曲子嗎？

此例運用了結構化面試的手法，成功地從「學生時代從事過的活動」問出了對方「喜歡音樂，現在想去演奏會聽音樂」。

此手法的用途廣泛，堪稱萬能。不論是想在會議中促使對方把心裡話說出來，還是在私生活中想炒熱對話氣氛，都請務必一試。

萬用提問組合

當時做了些什麼？（過去的行動）
那時候的狀況是怎麼樣？（深入瞭解狀況）
在該狀況下，你是如何處理的？（深入瞭解行動）
結果如何？（深入瞭解成果、結果）
如果下次遇到這樣的狀況，你會怎麼做？（在假定狀況下的行動）

當然，若是成了「審問」那可就糟了，所以要一邊觀察對方的狀態，一邊循序漸進地慢慢問。此外，基本上只要對方有在說話，就要完整地認眞聆聽。

而當你覺得對話似乎快中斷時，只要反覆搭配組合這些提問，就能繼續深入對談以進一步瞭解對方。

在問問題之前先做出假設

除了結構化面試的手法外，讓我再多介紹一種深入詢問的技術。

首先舉個例子，假設你得到機會能和客戶公司的決策者聊一聊，而你必須問出決策者目前所感覺到的課題爲何。

經理，您覺得目前貴公司的課題是什麼呢？

像這樣直接問也是個辦法。

如果這樣問就能問出你想要的答案，那當然很好，但是事情不一定總是那麼順利。

沒什麼特別急迫的課題耶……

絕大多數時候直接問的話，應該都會像這樣問不出個所以然來。這時該怎麼辦呢？

你需要「先做假設再問問題」。

因此，你可像以下這樣提問：

我看您前幾天在煩惱營業額，是不是在銷售業務方面感覺到了某些問題呢？又或是有產品、行銷等其他方面的課題？

換言之，這就是假設「營業額低迷的原因應該就在於銷售業務方面」。而對方可能會這樣回應：

的確，雖說銷售業務方面並非毫無問題，但真正讓我頭痛的，其實是新客戶的留存率不太理想。我希望能想點辦法來改善續約率……

「營業額低迷的原因應該就在於銷售業務方面」這個假設錯了。不過，重點並不在於假設是否正確，而是在於透過提出假設，成功讓對方說出「續約率」這一課題。

當然，有時不見得能這麼順利地問出對方的想法。但光是先做好假設再問問題，就足以讓回答的「品質」變得大不相同。也就是說，所謂的好好思考過後再問問題，就是指在發問之前，先站在對方的立場，並帶著假設提出問題。

在顧問的世界裡，「假設」一詞經常被人們所使用。甚至可以說，頭腦好的人經常透過假設來思考。話雖如此，但想必也有一些人會覺得「突然就要我提出假設，我哪有辦法……」。因此我建議，試著以「如果我是○○的話……」這種句型來提問。

「如果我是經理的話……恐怕會覺得自己就要被壓力給擊垮了，經理您覺得呢？」、「如果我是老婆的話……」、「如果我是部屬的話……」

此外，也可應用〈第8章〉介紹過的「讓發言有深度的訣竅」中，曾提到「研究與自己相反的意見」，依據反對意見來建立假設並提問。例如，「對於老闆的意見，員工們也可能提出○○這樣的反對意見，您覺得如何？」

比起空泛地詢問「您覺得如何？」這樣做肯定能讓回答的品質有所改變。

總而言之，所謂先做假設再問問題，其實就是要在發問之前，先從各種角度思考事情，然後再提出問題。

提問的「品質」，取決於能在問問題之前做出多少假設。

先思考「這個問題應該要問誰」

爲了要和對方一同思考，前面已介紹了深入詢問的技巧。

接下來，則要針對請教他人的情境，爲各位介紹有用的提問技巧。

從以下這段與政府公務員有關的敘述即可看出，在請教他人時，我們最該考慮的關鍵要點何在。

本來依據官方規定，公務員們可求助的對象僅限於主管。當然，公務員們並不想總是向主管請求幫助。因為除了會被嫌煩外，也等於是承認了自己的無知及缺乏獨立性。於是他們便有系統地違反規定，他們會互相商量、討論。（中略）而出乎意料的是，技能低的公務員幾乎都不找技能高的公務員商量。技能低的公務員會和同樣低技能的同伴彼此討論、交換意見。

這是於二〇〇一年獲得諾貝爾經濟學獎的艾克羅夫教授，和於二〇一三年同樣獲得該經濟學獎的席勒教授所合著的《動物本能》一書中，提到「被捲入複雜訴訟的政府公務員」之特性的相關敘述。

在至今我所見過的許多新人中，懂得如何請教他人的人，不會去找那些問起來比較輕鬆的對象或找身邊的人商量，他們會先思考「這個問題該問誰」，然後就去問那個人，迅速解決問題並獲得成長。

那麼，所謂「該問的人」是怎樣的人呢？就是知道答案、會給予精準建議的人。簡言之，就是優秀而聰明的人。

加入聰明人的圈子

在《動物本能》中關於「被捲入複雜訴訟的公務員」的敘述後面還接了這句話：

而技能高的公務員則是和其他技能高的公務員互相交換意見。

這造成了聰明優秀的人總是和聰明優秀的人商量，不優秀的人則和不優秀的人討論的整體狀態。為了擺脫這樣的情況，就必須具備「請教的方法」，以便加入聰明優秀的人的圈子。

可是，聰明優秀的人由於工作做得好，往往沒有多餘的時間，於是看著他們總難免令人感到自卑。正因如此，你更需要能夠有效地請教他人的技巧。

接下來便要告訴大家，擅長請教他人的人都是怎麼問問題的。

請教的訣竅1 一次只問一件事

關於以電話預約拜訪客戶這件事，所提出的第一個問題必須能突破負責人員的心防。能否請您先教導我這個方法呢？

像這樣，擅長學習的人一次只會問一件事。相反地，不擅長學習的人則是不考慮對方是否方便，便把問題疊加在一起問。像是：

我以電話預約拜訪客戶時遇到了麻煩。負責人員聯絡不到老闆，更麻煩的是，等我好不容易跟老闆通到電話時，連打電話的時間點似乎也是個問題耶？

如果這樣問，對方其實也不知道該從何回答起。

有時，甚至被問的一方還必須做筆記才行。要是因此而被當成是個「麻煩的傢伙」，那也是沒辦法的事。

請教的訣竅 2　清楚地告知目的

那麼，一次只問一件事的話，具體來說到底該怎麼問才好？

最糟的問法就是像「銷售狀況不順利，該怎麼辦呢？」這種很籠統的提問。

籠統的提問就只能得到籠統的回答。如果要好好回答籠統的提問，被問的一方就必須花力氣反問提問方，以瞭解狀況。比方說：

所謂銷售狀況不順利，是哪個階段不順利呢？是最後即將成交的階段嗎？

當然，如果對方「很親切」，應該會回應你的問題，但若連續幾次都這樣，難免就會被當成是個麻煩的傢伙。

要改善籠統的提問，首先請清楚告知對方你的目的。比方說，以下這兩種問法：

部落格該怎麼寫好？

分解元素以具體地詢問

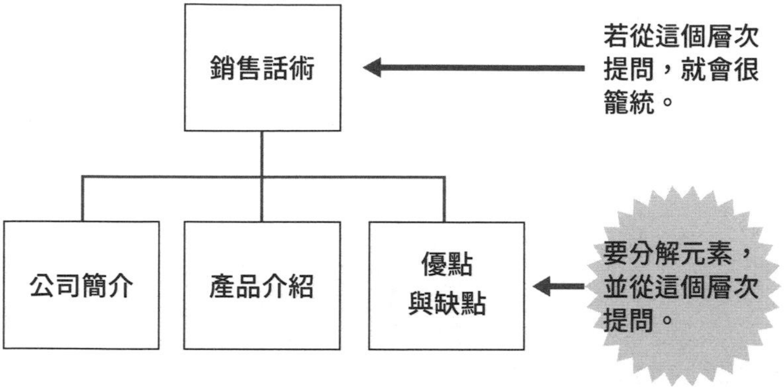
銷售話術
若從這個層次提問，就會很籠統。
公司簡介
產品介紹
優點與缺點
要分解元素，並從這個層次提問。

我想利用部落格來增加訪問數，但訪問數遲遲沒能增加。該怎麼寫才會有效呢？

應該要使用第二種。明確告知對方目的，對方就不必再多花力氣確認你問問題的意圖了。

請教的訣竅 3

分解元素以具體地詢問

不過這樣可能還是有些籠統。所以，擅長請教他人的人，都會盡量把問題分解成單純的元素。例如：

對於進行銷售介紹時的公司簡介，我有問題想請教您。

對於銷售時常被問到的○○部分，我有問題想請教您。

在〈第9章〉我已討論過整理的重要性。

問問題時也是一樣。提問的時候也同樣必須分解、整理你想問的事情，這樣才能更具體地詢問對方。而一旦能夠具體地詢問，對方也就可以具體地回答。

請教的訣竅 4　將目前為止已經做的事，鉅細靡遺地告訴對方

藉由告訴對方自己目前處於怎樣的狀況，便能讓對方指導起來更輕鬆。因此，最好把導致今日局面所做的一切，全都說得清楚明白。

我想利用部落格來獲得大量的訪問，但不知該怎麼寫才好。能否請您教教我呢？

好啊。

我先查了「部落格文章的寫法」。但我想，光這樣是不足以增加訪問數的，所以又

查了SEO。在研究的過程中還出現其他如「更新頻率」及「文章數量」等各式各樣的要素。

嗯，然後呢？

然後我就覺得關於「增加訪問數」這件事，我根本搞不清楚有哪些東西是我不懂的。能否請您幫我釐清一下狀況呢？

這個嘛，我先告訴你幾個一般常見的增加訪問數的方法好了。

人之所以會問出難以回答的問題，原因就在於根本不知道自己不懂的部分在哪裡。

而相反地，之所以能問出容易回答的問題，正是因爲問問題的人清楚知道自己不懂的部分是什麼。

因此，只要說出自己是如何變成「搞不懂」的狀態，便能夠「知道自己不懂的部分在哪裡」，以獲得確切的建議。

此外，在接受他人的指導時，也可利用前面介紹過的深入詢問技巧。

比方說，若對方還有時間，便可在問完自己想問的事情後，以如下的提問來進一步深入請教：

「前輩您年輕時是如何提升業績的？」（與行動有關的提問）

「前輩，若您是我，您會怎麼做？」（基於假設的提問）

透過深入請教，就能更貼近本質。記得聰明地請教他人，並深入地詢問。

除了〈第10章〉介紹的「好好聆聽」外，若能再加上「深入詢問」和「有效地請教他人」這兩種技巧，就算是嘴笨口拙的人，應該也能減少溝通上的困難。

第12章

「言語化」的思考法

——以言語表達，讓人留下印象

你記得昨天在網路上看過的文章嗎？

在今早的電車上有看到哪些廣告呢？

關於上週見到的人所說的話，你還記得多少呢？

網路與智慧型手機的興起，讓資訊量與溝通量比起以往增加了非常多，也因此變得越來越難留存在人的記憶之中。

本書的最後，便是要告訴大家，能在這樣的時代裡，讓人們心中留下深刻印象的「言語化」思考法。

說真的，在這世上，「言語化能力」越高的人，就越能順利把事辦好。

・賣東西

・出主意

・建立人際關係，創造自己的一席之地

在這些方面，「言語化能力」都是重要的因素，頭腦好的人各個都以此能力見長。前面已介紹過如何能深化思考，接下來就讓我來談談，藉由言語表達來進一步深化思考的方法。

要意識到打電話的「溝通成本」

對於打電話這件事，堀江貴文（日本知名入口網站 Livedoor 的前總經理）曾表示：「打電話可說是有百害而無一利。在工作時一旦電話響起，工作便會被迫中斷，節奏也會被打亂。」

而前微軟日本分公司代表成毛眞也說：「我完全同意堀江貴文的說法。沒必要用電話溝通的事卻打電話來給我，剝奪我的時間，總之就是很令人火大。」

據說伊隆・馬斯克（特斯拉執行長、SpaceX 創始人）爲了按照時程表進行工作，幾乎是不接電話的。

那麼，爲何有這麼多人討厭通電話呢？

這和「與他人溝通時產生的成本」有關。

為什麼能幹的人很討厭動不動就立刻打電話來的人？

當然，也有部分人認爲「總之先通個電話」。或者，忙碌的主管終於回到辦公室了……「趕快先找他討論一下！」——有這種經驗的人應該不少。

之所以會有「總之先通個電話」、「先討論一下」的想法，是因爲覺得寫電子郵件很麻煩、打電話比較快、用講的比較方便的關係。的確，畢竟寫電子郵件眞的很麻煩。那爲什麼先通個電話就不麻煩呢？

因爲這樣一來，**在進行所謂「言語化」的溝通時，最費力的程序也能讓接電話的一方來負擔。**

接電話的一方必須先暫停自己手邊的事，聽對方說話。爲了避免忘記對方所說的內容，可能還會需要記個筆記，而且「總之先打電話來的人」通常講話都沒什麼條理，所以另一方甚至必須整理對方的說話內容，並提出問題以深入詢問。

另外，如果被詢問到有什麼想法時，還必須立刻統整自己的意見並將其言語化，像是：「現在最重要的是這個，所以我會建議這樣做，不好嗎？」連這樣也需要花費很大的力氣。

會覺得總之先討論一下比較快、先通個電話比較快，正是因爲對方承擔了言語化成本的關係。不必自己一個人負責言語化的狀態是很輕鬆的。

那麼，不先打電話，而是透過電子郵件討論的話，情況會變得如何呢？

要寄出電子郵件前，就必須先整理自己所要表達的內容，將其言語化才行。寫完後，再讀過一遍，若覺得不容易看懂，有時還必須修改一下。

透過書寫，便會自然對自己要表達的內容保持客觀性，並重新編輯整理。

因此，撰寫電子郵件的行爲包含了選擇用字遣詞、整理、想像對方的反應、修改等各種溝通成本。換言之，包含在言語化成本內的各種成本，全都要由說話的一方（寄出電子郵件的一方）所負擔。

也就是說，很多人之所以討厭「總之先通個電話」，是因爲這種方式必須中斷自己手邊的工作，替對方負擔「言語化」溝通的主要成本之故。

當然，有一些較爲緊急的情況，如果能先通個電話，才不會有問題，另外也有一些年紀大的人不喜歡使用電子郵件，所以並不是任何狀況都適合使用電子郵件。但希望各位務必記住的是，**一定要經常意識到溝通成本是由誰來負擔這點**。

在開口說話前，要意識到言語化的成本是由誰來負擔

✦積極地成為負擔言語化成本的一方

如果經常讓對方負擔言語化的成本，就不可能被視爲聰明人。

若你的主管親切又優秀，你一定會覺得早點找他商量比較有效率，對吧？可是，想都沒想就直接問：「該怎麼辦才好？」這就只是讓主管替你想辦法，製造出一個自己不必思考的狀態。

反之，藉由自行負擔言語化的成本，便能讓對方覺得「這人很願意付出，很能幹」。即使沒有達到最終的言語化程度，光是有做到整理後再去商量，也足以減輕對方的負擔。

實際上，前面〈第8～11章〉所說明的「深化思考的方法」就是言語化的過程。而〈第10章〉曾提到的「別輕易給予建議，請先整理」，比方說，一邊聆聽對方的話一邊整理，就是在替對方負擔一部分的言語化過程。

要意識到言語化的成本是由誰在負擔。

言語化的品質
決定了輸出的品質

所謂的言語化，通常是用於表示「將想法化爲言詞」之意。文案寫手將企業及商品的重要課題和魅力言語化，以感動消費者，藉此獲得相對應的報酬。文案寫手可說是以「言語化」爲主要工作的人。

不過，我覺得可以再廣泛一點來看待言語化的定義。我認爲所謂的言語化，不僅限於文字、言詞，而是泛指所有的輸出。

以建築師爲例。優秀的建築師在設計房子時，會仔細傾聽委託人的煩惱與期望，包括未來想要如何生活等想像，然後從中汲取委託人眞正的想法，再以建築物（房子）的形式輸出。

以新國立競技場及高輪 Gateway 車站等設計而聞名，作爲日本最具代表性建築師之一的隈研吾，在其著作《人的住處一九六四－二〇二〇》中，對建築師的工作有如下的文字描述。

所謂的建築，就是在繪製設計圖到施工完成為止的數年時光裡，與所有相關的人們一起度過、創作、交談的結果。甚至與其說是結果，實際上是過程，也就是那段延續了好幾年的時光本身，才是建築。

那段充實的時光創造了好的建築。若不是一起度過了時光，創造建築就沒有意義。我在檮原町學到了這種創作方式後，就以此做法逐一打造了各個建築。往後，我也會繼續這樣創作下去。

隈研吾把建築描述爲「一起度過、創作、交談的結果」。換言之，在與委託人溝通的過程中，一起深化思考，除了言語化之外，還有一種叫做建築的輸出存在。

設計師也是一樣。

設計師的工作是針對委託人目前想解決的問題，比方說，對於「企業的魅力沒能傳達給消費者」這點，做更進一步的深入理解，然後用設計的形式以解決問題。

包括UNIQLO、樂天、7-Eleven等企業，以及今治毛巾等地方特色產品，還有幼稚園與大學等教育機構……曾擔任這些各式各樣領域的品牌策略設計工作的佐藤可士和，在其著作《如何找出改變世界的「觀點」》（暫譯）中，便提到「廣義的設計不是指設計上的技術，而是指思考方法。如果以這樣的角度來看待設計，那麼任何人都能夠運用設計的威力來達成更好的結果」。

建築師如此，設計師亦然，每個聰明優秀的人一旦被問到：「爲何會形成這樣的輸出？」、「爲何會提交這樣的成品？」時，都能說出其想法的靈感來源、方法論或思考法等等。

專業人士能將自己的思考迴路言語化。因為不言語化，就無法反覆輸出高層次的作品。雖然不言語化，有時也能碰巧輸出良好的作品，但這很可能會成爲「曇花一現」，而無法長久延續下去。

顧問也是一樣。

傾聽經營者的煩惱，從中擷取眞正重要的課題，然後研究出解決方案。在這過程中，需要進行很多次的「言語化」。

前面我曾提到過，顧問工作必須要說成是「協助客戶發現問題並解決課題」才行，而與客戶訪談（深入詢問）、整理問題，並將該解決的問題作爲「課題」言語化之後，才能夠給予準確的解決方案。

未經言語化的課題，不會被當成課題。被言語化，亦即以言語表達後，問題才會被視爲課題，人們也才會開始朝著解決的方向而行動。

在本書的開頭處，我曾說過思考的品質很重要。因爲**思考的品質決定了言語化的品質，而言語化的品質則決定了輸出的品質。**

輸出的品質高，便能打動人心；若能打動人心，就可引發進一步的行動。

換言之，**所謂的好好思考，歸根究柢就是在驅動人們輸出。**

爲了使自己的輸出能夠讓人留下深刻的印象並產生足夠的影響力，高品質的言語化必不可少，而如果要提升言語化的品質，就必須以〈第8～11章〉所介紹的方法來深化自己的思考。

能讓人印象深刻、產生影響的「言語化」程序

從各種角度客觀地看待事物 （第8章　「客觀」的思考法）	**藉由區分來理解本質** （第9章　「整理」的思考法）
一邊整理一邊準確聆聽對方所說的話 （第10章　「傾聽」的思考法）	**深入挖掘就連本人也沒能言語化的部分** （第11章　「提問」的思考法）

↓

最後以言語表達出來

優質的輸出
來自於「好的定義」

Ｐａｒｔ２所介紹的是讓人產生「優質輸出」的程序。優質的輸出能夠打動人心。而對優質的輸出來說必不可少的，就是言語化。

那麼，言語化是否有訣竅呢？

在Ｐａｒｔ１的〈黃金法則５〉中，我否定了「記住多種範本」的做法。那是因為套用範本來說話，會讓人自以為有思考過，反而會背道而馳。

不過在此，我要為各位介紹唯一的一種範本。

而這個範本，並不是能省去思考力氣的範本；**請把這範本想成是能深化思考、讓對方印象深刻的終極手段**。

你有做過餅乾嗎？請想像一下製作餅乾的模具。只要用星星或心形等形狀的模具在麵糊上按壓，即可做出形狀美麗的餅乾麵糊，接著送進烤箱，餅乾就完成了。然而，若是沒有麵糊，餅乾模具也就派不上用場了。

同樣地，若是不思考，就算運用了範本也無法產生出任何東西。範本並不是省略思考的工具，它只是輔助而已。

而我要推薦給大家的這個唯一範本，就是——不是〇〇，而是△△。

✦提升言語化品質的唯一範本——重新定義

「第三空間（Third place）」，這是星巴克的品牌概念中所使用的詞彙，指的是「提供除了家庭及職場外的第三個地方」之意。

今日，咖啡廳給人的印象或許是個「放鬆的空間」，但在星巴克剛創立時，所謂的咖啡廳，就只是喝咖啡的地方而已。雖然也會偶爾和朋友一起去喝咖啡，但據說以前幾乎不會被當作是個能讓人放鬆的空間。

星巴克的前CEO霍華德・舒茲在其著作《STARBUCKS 咖啡王國傳奇》中寫到了這段話。

> 顧客們之所以會來星巴克喝咖啡，是因為想在自己能力所及的範圍內享受奢侈的氛圍。若是無法感受到那種奢華感，他們就不會再來了。我們從創立 Il Giornale 時開始，就一直致力於重現義大利濃縮咖啡吧的那種氛圍。因此，我們運用了歐洲

風格的裝飾和現代裝潢，打造出明亮友善的店面樣貌。我和建築師巴尼・貝克一起思考了店內的配置，裝上商標與窗邊的站立式吧台，也準備了書報架和寫有菜單的黑板等。

也就是說，星巴克在日本展店時的品牌概念「第三空間（Third place）」，不是像傳統咖啡連鎖店那樣「只是喝咖啡的地方」，而是包含了「在自家與職場之間，能感受到奢華氛圍的場所」這一意義。換言之，他們重新定義了咖啡廳。

不是○○，而是△△。

這個範本，正是透過重新定義而產生的。

〈第8章〉曾介紹我在學生時代做過烤一整個大塊肉類的BBQ（第159頁），也是透過重新定義「所謂的BBQ不是指在戶外烤肉，而是指在戶外『烤一整個大塊肉類』」，而得以吸引許多人聚集過來。

如果對優質的輸出進行解析，往往都會找到全新的定義。

於全球大賣一千萬本的暢銷書《被討厭的勇氣》初版書腰文案寫的是——「所謂的

自由，就是被別人討厭」。而日文字典裡對「自由」一詞的定義如下：

不受他人的限制或束縛，依據自己的意志、情感來行動

——《新明解國語辭典〔第八版〕》

一般人的認知應該也和字典的定義一致。但在《被討厭的勇氣》一書中，則是重新定義了「所謂的自由，就是被別人討厭」。

爲了闡述管理在企業裡的必要性，管理學之父彼得・杜拉克於其著作《經理人的實務》中，從「什麼是企業？」、「企業的目的爲何？」的詞彙定義開始探討。此定義極爲優雅，讀了這段文字後，我就確定了「這本書裡有著重要的資訊」。也就是說，我被打動了。

為了瞭解什麼是企業，就必須從企業的目的開始思考。企業做為一個機構，其存在目的是對外產出經濟成果。企業同時也是扎根於社會和社區的社會機構。而企業的目的只有一個定義，那就是，創造顧客。

雖然也有很多人認爲企業的目的在於「賺取利潤」，但杜拉克則明確地將其重新定義，他表示企業的目的存在於企業之外，也就是要創造顧客。

由此可知，優質的輸出來自於優質的定義。

而「不是○○，而是△△」便是用來思考這種優質定義的範本。

「大阪燒是蒸煮料理」這說法讓人感覺很有智慧的原因

某次，我擔任轉職徵才活動的面試官時，有位應徵者在其履歷上寫了「專長是煎出美味的大阪燒」。於是在面試的時候，我便隨性地問起了他這項專長，結果那位應徵者這麼回答我：

大阪燒，其實是蒸煮料理喔。

我一直以爲大阪燒就如其名，是煎烤類食物，所以對他的這句話感到很好奇，便更進一步問他：「爲什麼？」他便接著說道：

我是大阪人，在我們老家自有一套大阪燒的做法。包括我在內，我想恐怕絕大多數的大阪人都會理所當然地覺得「自己家的大阪燒才是最好吃的」。但有一天，我偶然看了一份刊載於御多福公司（以生產大阪燒醬聞名的企業）網站上的大阪燒食譜。在其製作的過程中，寫著「蓋上蓋子蒸煮四分鐘」這一步驟。以往做大阪燒時，我都只用油煎，從未蒸煮過。而實際嘗試後發現，使用同樣的食材，蒸煮過的大阪燒會因此變得更加蓬鬆可口。各位也可以把大阪燒當成蒸煮料理，用這種方式試著來做做看。

他的這番話讓我覺得很有智慧。雖說這段發言並不是唯一的理由，不過其他面試官也都認爲「他是個有思考力的人」，於是便錄用了他。而我之所以會覺得他聰明，則是基於以下這兩點：

・有意識到自家做的大阪燒最好吃這種主觀想法，並且能夠去調查與自己不同的意見（善用了「客觀」的思考法）。
・將大阪燒重新定義爲「蒸煮料理」，讓人留下深刻印象（運用「言語化」的思考法）。

有趣的是，即使在面試結束後，「大阪燒是蒸煮料理」這說法依然強烈地留在我腦海裡。而當我把這個小知識分享給家人時，老婆和小孩也都覺得很厲害、很有道理呢。由此可見，那位應徵者的「大阪燒不是煎烤料理，而是蒸煮料理」這一輸出，充分地打動了我的心。

正如Ｐａｒｔ２的〈第8章〉說明過的，發言的「深淺」並不是取決於主題的種類。即使只是一般常見的事物，我們也可以深入思考它。

請各位務必也試試看重新定義一般的常用詞彙。不過，突然被要求要用「不是○○，而是△△」的範本來思考，或許很多人都不免會覺得有點困難。所以，接下來就要介紹讓每個人都能重新定義的步驟。

讓每個人都能產生優質輸出的步驟

首先，請試著思考好的○○、不好的○○。

以咖啡廳為例。怎樣才是好的咖啡廳？不好的咖啡廳又是如何？也可以換成自己喜歡的咖啡廳、討厭的咖啡廳。例如：

- 讓人想一直待著的咖啡廳最棒了～還會想再去的咖啡廳。
- 就算咖啡很好喝，會讓人緊張、感覺不舒服的咖啡廳就很討厭了。

如此一來，或許就能幫助你發想出這樣的概念：「不是咖啡的味道好，而是氣氛的味道更重要」。

怎樣的廣告是好的廣告？怎樣是差勁的廣告？怎樣是好書？怎樣是爛書？良好的飲食？糟糕的飲食？良好的服務？糟糕的服務？平時也可以將這樣的思維用於構思創意或腦力激盪。

舉個例子，假設針對自家公司社群網路帳戶的運用方法進行開會討論，但遲遲沒有好點子出現。這時，就可試著問問各個與會者：「你喜歡的企業帳戶和討厭的企業帳戶分別為何？」然後由此思考怎樣才是好的帳戶？怎樣是不好的帳戶？進而自行重新定義社群網路帳戶。

在會議等討論陷入僵局、無法有所進展時，請務必一試。

言語化就和打招呼一樣
需要反覆練習

大家有聽過「小並感[1]」這個日文的流行語嗎？

這是個縮寫詞彙，意思是「有如小學生般的感想」，指的就是只能說出「好厲害！」、「很有趣！」、「超驚人！」之類小學生等級感想的狀態。

但認眞想想，很多時候，我們自己或周遭的人對於打從心底感動的電影，也的確只說得出「很有意思！」、「超感人！」這種感想。那麼，如何才能擺脫「小並感」的層次呢？

對於昨天看過的電影只說得出「很有意思！」這種感想的你

事實上，高度的言語化能力並非一朝一夕就能養成。

但這種能力也不是只有天資聰穎的人才具備的稟賦或智慧。其實，「言語化」和「打招呼」很像，基本上是一種取決於「習慣」的能力。

1 小学生並の感想，亦被稱為コナミ感，即指如同小學生一般的感想。

舉例來說，早上碰到住在同一棟大樓的鄰居時，大家都知道此時就算不認識對方，也最好打個招呼說聲「早安」。

然而實際上，有些人能夠自然地說出「早安」，有些人則無法。

人們之所以能自然地打招呼，是因爲打招呼已經成爲了習慣。而之所以成爲習慣，是因爲過去曾不斷練習的緣故。以打招呼爲例，通常都是從小就被父母等長輩教導「遇到認識的人就要打招呼」，在反覆練習的過程中，逐漸養成了習慣。

言語化也一樣，透過反覆練習，便可培養出言語化的能力。只不過，一般人沒什麼機會被教導如何練習以培養言語化的習慣。因此，最後就讓我來告訴各位其中的方法。

言語化的習慣 1 對命名徹底堅持

對言語化能力而言，「命名」這件事極爲重要。

創造出「my boom」、「地方吉祥物」等獨特詞彙並蔚爲風潮的知名漫畫家三浦純在其著作《如何創造「不存在的工作」》（暫譯）中，便如此說道：

> 這幾年依舊持續流行的「地方吉祥物」，在我予以命名分類之前，本來也是「不

存在」的東西。一旦將其命名為「地方吉祥物」，那樣的世界似乎就存在了。各地方缺乏一致性的那些吉祥物，因該名稱而得以成為一種類別，於是就能表達出前述的哀愁、乏味無趣、too much感以及對家鄉地方的愛。

透過三浦純的「地方吉祥物」這一命名，大家便能夠對此有所認知，而該產業就被創造出來了。也就是說，命名改變了人們的行為。

在村上春樹的小說《沒有色彩的多崎作和他的巡禮之年》中曾出現「Le mal du pays」一詞。而小說中的人物對此詞彙做了如下的說明：

這是法文。一般用於表示思鄉或憂愁之意，但更詳細地說，其意思是「田園風光在人心中所喚起的莫名哀傷」。是個很難準確翻譯的詞彙。

從很久以前開始，我坐在電車上看見田園風光時，確實就會有哀愁的感受。但我並不是在田園風光的包圍下長大，可見那感覺並非鄉愁。而這就是所謂的「Le mal du pays」。

自從讀過這段文字後，我終於能夠詢問他人關於這種哀愁的感受，像是「你有過那種感覺嗎？據說那叫做 Le mal du pays……」。

對於沒有名稱的東西，人是無法深入思考的。

反之，藉由創立名稱，即使是全新的概念也能更仔細地探究。因此，能幹的人會先思考研究對象的「定義」，然後替該定義命名。如此一來，其他人也就能夠針對那個概念進行思考。**命名即為思考的起點**。

鍛鍊言語化能力的捷徑，就是替沒有名稱的東西命名，並堅持使用該名稱，這說法眞的一點也不誇張。

而對命名堅持的重要性，我早已在顧問工作中體驗到了。

某天，主管表示他想替「適合中小企業的諮商」這一概念取個名字。

比起大企業，中小企業的資源較少，因此往往無法採用先進行縝密調查、製作報告並提出建議、獲得批准後組成團隊，然後再訂立計畫並實行的標準顧問流程。他們需要更快速、更簡單有效的諮商手法。

結果組織高層創建了如下的口號：「引進可輕鬆實行、效果絕佳又容易持續的簡易機制」。有些人可能或覺得這口號「好土」。老實說，我一開始也這麼覺得。

但出乎意料的是，這是非常優秀的「言語化」口號，它受到了中小企業管理組織的高度歡迎。不僅理解起來毫不費力，而且還琅琅上口，很好記。

假如口號是「短時間內即可引進、高性價比、低成本運用的中小企業諮商」，只是使用了一些「常見詞彙」的話，大概不會這麼令人印象深刻，解釋起來可能也沒那麼容易理解。

即使是一些小事，也能透過對命名的堅持來增進言語化能力。

例如，不說「下個月要加強溝通！」而是試著說成「我把下個月訂為互動月！跟大家聊了很多的人，我請他吃午飯」。

又或是在社群網站上，不要宣告「下個月要開始減肥！」而是試著說「我把下個月訂爲腸胃修養月」。

請從小處著手，透過命名來培養言語化的習慣。

言語化的習慣 2 從明天起不再使用「超猛」、「超感人」、「超厲害」等詞彙

增加詞彙量對於言語化能力的提升大有助益。

記得越多詞彙，就越能增加表達的廣度，也越有可能將無法化爲言語的事物以言語表達出來。因此，增加詞彙量，也可說是一種鍛鍊言語化能力的習慣。但是，像考生記英文單字那樣用單字卡硬背的方式來記憶詞彙，並不是個好主意。

爲了提升言語化能力，養成「不使用如『超猛』、『超感人』、『超厲害』之類會導致詞彙量貧乏的簡易表達方式」的習慣，才是有效的辦法。

從明天起，就請小心地別再使用「超猛」、「超感人」、「超厲害」等詞彙。

當然，任何的感動都可以用「超猛」、「超感人」、「超厲害」來形容。對於美味的食物用「好吃！」來表達也絕對不會有任何問題。只不過這時，如果不用這些說法，該怎麼表達才好呢？試著像這樣想想看，便能開啓大腦的思考開關。

言語化的習慣 3 建立「閱讀筆記」、「知識備忘錄」

還有個比較傳統的方法能有效增加詞彙量，那就是閱讀。

但並不是光閱讀就能讓言語化能力提升。因爲不論輸入再怎麼增加，若是不輸出，

就無法提高言語化能力。

我的建議是建立「閱讀筆記」。不管是數位還是相似的形式都行。閱讀書籍後，試著把內容摘要寫成筆記。

下一頁的圖①便是我閱讀學者米哈里・契克森米哈伊之「心流理論」相關書籍時，所做的部分筆記內容。如果讀的是小說，就簡單地寫下故事概要。重點在於，寫下摘要後，要再寫出感想。當然，這時也盡量不要只寫「很有意思」之類的詞句，而是要發揮想像力，將自己的體驗與書中內容結合，以此方式把所感受到的、覺得很有用的部分寫下來。

這是我剛進入顧問公司時，別人推薦給我的做法，距今已超過二十年，但我依舊持續實行，它可說是最能提升我言語化能力的方法。

雖說透過閱讀獲得的知識比自己想像的還要模糊，但透過建立內容摘要來言語化，就能使其變得更清楚明確。

圖1：閱讀筆記範例

《心流：高手都在研究的最優體驗心理學》

人在什麼時候會充滿活力？

① 致力於可達成、有前景的挑戰。

② 能夠專注於自己正在做的事。

③ 人能夠專注的前提是工作上有明確的目標。

④ 人能夠專注的前提是可以得到直接的回饋。

⑤ 從意識中除去日常生活的憂慮及失望，以深入但不勉強的沉浸狀態進行活動。

⑥ 伴隨著對自身行爲的控制感。

⑦ 雖然當下關於自我的意識會消失，但在心流體驗後，會出現更強烈的自我感受。

⑧ 對時間流逝的感覺會發生變化。

※感想：覺得遊戲很有趣而工作很無聊的人之所以那麼多，是因爲企業沒有用心爲員工提供最佳工作體驗的關係。遊戲是爲了讓使用者獲得心流體驗而精心製作，但經營者只把注意力放在顧客身上，往往沒能意識到員工也很重要。將心流體驗融入如何讓員工感到滿意，長期來說可能也能讓顧客受益。或許可以建議針對員工來「行銷」。

此外，建立「○○的知識備忘錄」也很有效。○○可以是任何事物。例如工作，或是跟自己的興趣有關的事物，像是戶外休閒活動、電玩遊戲、樂器演奏等。

我剛進入顧問公司時，曾將負責指導我的前輩教我的事情「言語化」，建立成所謂的顧問知識備忘錄，而下頁的圖②便是其部分的內容摘錄。

至今我依舊在持續更新此備忘錄，由於其中針對顧問工作鉅細靡遺地記錄了「主管說了些什麼」、「我的理解爲何」、「事情爲何順利成功」、「怎麼做會更好」。因此，在撰寫許多文章時，此備忘錄的內容也經常作爲靈感來源而充分被我運用。

在建立備忘錄時，我建議最好能先決定格式，像是「我學到的十件事」、「五個重點」等。在〈第10章〉我曾提過「聰明人在聽別人說話時，會帶著向對方學習的意識來聆聽」（詳見第215頁），而像這樣養成先決定格式，再寫下知識備忘錄的習慣，便能自然地帶著「向對方學習的意識」聽對方說話。例如「跟部屬學到的五件事」、「育兒的十大重點」等也都行。

一旦養成這樣的思考習慣，即使是痛苦的經驗，也能覺得那會成爲知識備忘錄的靈感。甚至將之分享於社群網站或告訴後輩，讓自己的經驗成爲他人的助力。

圖2：知識備忘錄範例

從前輩那裡學到的十件事——

① 同理心比建議更重要。

② 眞正有價值的東西無法獲得100%的贊同。

③ 課題不是用聽的，是要能說中的。而要能夠說中，需要經驗與知識。

④ 人不會成長得那麼快。能夠輕易得到的東西不會受到重視。

⑤ 用較小的產品提高與客戶的接觸頻率。

⑥ 總是考慮持續、穩定的收入。讓推銷不再必要。

⑦ 採購項目要做爲結算時的結轉項目。

⑧ 風險管理是個經驗勝過一切的領域。

⑨ 創造知識上的驚喜很重要。

⑩ 財富與成功所附帶的成本出奇地高。

總而言之，重點就在於讀了書之後，別只是覺得「很有意思」就結束，要用自己的話加以整理、總結才行。對於工作上學到的事情也一樣。每當心有所感時，請務必試著打開筆記，養成書寫的習慣。

言語化和打招呼一樣。一如見到人就該打招呼般，發現了沒有名字的東西就該替它命名。這樣，思考的品質自然會提升。

結語

在外山滋比古的暢銷書《思考整理學》中有以下這一段文字。

我們都只看花，不看枝葉。就算看了枝葉，也不看樹幹。樹根就更不用說了。總之眼睛就只被做為成果的花朵給吸引，根本想不到樹根與樹幹。

據說，植物在地面上可見的部分和藏在地下的根部形狀幾乎相同，呈現對稱狀態。之所以會開花，正是因為地下有著龐大組織的關係。

知識也是人類所開出的花朵。因為覺得漂亮就把花剪下插在花瓶裡，花很快就會凋謝。由此可見，那花並沒有成為自己的東西。

說起來，本書所介紹的七大黃金法則與五個思考法，就相當於爲了開出智慧之花而存在的「根」（前者）與「幹」（後者）。

藉由實踐爲智慧之「根」與「幹」的黃金法則和思考法，不論是誰，一定都能順利成爲「頭腦好的人」，但最後我想告訴各位的是，比起成爲聰明人，要持續做個聰明人更爲困難。

一旦以顧問身分每天傾聽老闆們的煩惱，聽著聽著到了某天，只是稍微聽一下老闆抱怨，就會立刻明白那位老闆的困擾何在。

我想，很多人都曾在電視節目上看過一種場景，就是算命老師只跟藝人稍微講個幾句後，便準確說中「你現在正在煩惱這件事對吧」，而該藝人則驚訝地回應：「欸？你怎麼知道？好厲害！」我要說的就是那種狀態。

像這樣「聞一知十」的顧問並不罕見。但其中也有不少從此之後便覺得自己已經明白一切，於是變得傲慢而停止成長的人。

「覺得自己已經明白的時候最危險」這是我二十二年顧問人生的另一個結論。越是感覺自己似乎明白了的時候，越需要用心溝通。我認爲這才是眞正聰明、有智慧又謙虛的人的態度。請各位也務必在感覺自己「頭腦變好了」的時候，再次回歸黃金法則，問問自己：「眞的有好好思考過嗎？」

這本書，是我將自己擔任顧問所獲得的知識，以對任何人、任何行業、任何時代都有助益的方式編寫而成的商管書。但除了工作情境外，書中也舉了很多在私生活情境中也能派上用場的例子，像是被問到「你覺得哪件衣服好？」時的回答，以及相親男女的對話等。

這是因爲我認爲「越是親近的人，越要好聲好氣地用心溝通」的關係。

其實大約十五年前，我的前妻因病而過世了。當時，身爲顧問的我正處於最忙碌的時期，很難說是有與對方保持密切溝通的狀態。這至今依舊是令我感到後悔不已的事情之一。

我覺得眞正頭腦好的人，也能夠珍惜重要的人。正是這樣的經營者，才會受到周遭人們的景仰、愛戴。爲了珍惜重要的人，請一定要聰明有禮地用心溝通。

最後，要謝謝由我負責的所有客戶們，非常感謝各位如此容忍在工作上拙劣的我。另外，還要感謝在公司內教了我許多顧問技巧的白濱敏朗先生，謝謝您。我絕大多數的溝通技巧，幾乎都是您指導的成果。

感謝爲本書企劃提供了寶貴見解的梅田悟司先生、對我的本業大力支持的倉增京平先生與桃野泰德先生，以及共同創辦人的楢原一雅先生，沒有各位的幫助，本書不可能完成。謝謝長期爲「Books&Apps」撰稿的高須賀先生、Shinzaki 先生、熊代亨先生、雨宮紫苑小姐、fujipon、pato 先生、黃金頭，你們總是提供許多有價值的靈感，眞的非常感謝。

還有責任編輯淡路勇介先生，若沒有淡路先生的努力，本書將無法順利出版。是淡路先生讓我感覺似乎瞥見了編輯的部分奧祕。最後，要謝謝我的妻子美保。我之所以能專心寫作，不需煩惱家庭事務，都是妳的功勞。

安達裕哉

讓你繼續聰明下去的書單

學習控制情緒的方法

- 《憤怒管理》（アンガーマネジメント，暫譯），戶田久美，日經文庫。
  在昭和時代的辦公室裡，飆罵怒吼此起彼落是日常。但在今日的令和時代，「憤怒」是禁忌，有時甚至是一種損害社會信用的行為。雖說只要身為人類，就不可能完全消除「憤怒」的情緒，但如何控制就看每個人的修為，這點大家應該都同意。

學習調查的方法

- 《調查的技術 國會圖書館秘傳之參考密技》（調べる技術 国会図書館秘伝のレファレンス・チップス，暫譯），小林昌樹，皓星社。
  就撰寫如何調查文獻、使用文獻的書籍而言，此書可謂獨一無二。除了圖書館外，它也介紹了 Google 和報紙等媒體的用法，不僅限於寫作人員，這還是一本值得推薦給行銷人員、顧問和所有需要處理資料的人的罕見絕佳書籍。

- 《快思慢想》，丹尼爾・康納曼，天下文化。
行為經濟學之父丹尼爾・康納曼的暢銷名著。此書針對「為什麼人的選擇不一定合理？」這一問題，基於廣泛的研究案例做了詳細解說。各章末尾還列出了日常生活中的例子，非常有利於實際應用。
- 《非理性：內在的敵人》（Irrationality: The Enemy Within，暫譯），斯圖爾特・薩瑟蘭（Stuart Sutherland），Pinter & Martin Ltd。
原為心理學研究者的丹尼爾・康納曼，將心理學與經濟學領域相結合，獲得了巨大成果。近年來在這類心理學理論中，累積了大量所謂「人類並不理性」的知識，而此書便是由心理學家以簡單易懂的方式說明了其中一部分。推薦給曾讀過《快思慢想》且對心理學有興趣的人。
- 《Google超級用人學：讓人才創意不絕、企業不斷成長的創新工作守則》拉茲洛・博克，天下文化。
這是由前 Google 資深人資長拉茲洛・博克針對 Google 的人才管理，做了詳盡解說的一本書。Google 人事管理的優秀之處在於，他們會先根據資料與客觀證據來採取措施，然後再確實以資料驗證其效果。至今為止關於人力資源的那些「神話」到底是真是假，透過此書可讓人有許多收穫。
- 《葛洛夫給經理人的第一課：從煮蛋、賣咖啡的早餐店談高效能管理之道》，安德魯・葛洛夫，遠流出版。

這是由推動矽谷創新的英特爾前CEO安德魯・葛洛夫詳述其管理方式的一本暢銷名著。很多矽谷的創業家都受過安德魯・葛洛夫的薰陶，他更因此受到許多人的尊敬。他採納了彼得・杜拉克的管理理論，故一併閱讀彼得・杜拉克的著作也有助於更深入理解。

向知識的巨人杜拉克學習

・《經理人的實務》，彼得・杜拉克，天下雜誌。

不用多說，這本就是彼得・杜拉克的代表作。雖然我個人覺得下一本《杜拉克談高效能的5個習慣》比較有趣，但若你是商業人士，這本你還是至少要讀過一遍才行。

・《杜拉克談高效能的5個習慣》，彼得・杜拉克，遠流出版。

杜拉克若是撰寫自我啟發類的書籍會怎麼樣呢？這本書就是答案。書中所包含的工作術不僅適用於經營者，也適用於各個世代，是值得每個想在工作上獲得成果的人一讀的經典。

向百萬暢銷著作與長銷著作學習

・《科學寫作技巧》（理科系の作文技術，暫譯），木下是雄，中央公論新社。

當我還是學生時，曾被要求把這本書讀過一百遍後再開始寫論文。這是一本把學校不太教的「寫作方法」，以極為實用的方式做了完整介紹的書。

•《思考整理學》，外山滋比古，究竟出版。

這是一本能讓人充分感受到「真正聰明人的文章很淺顯易懂」的思考入門書。而我覺得書中所包含的「要自己好好想一想」這一訊息，不論到了幾歲都很重要。

向知名文案寫手學習

•《廣告文案就是要這樣寫！讀本》（広告コピーってこう書くんだ！読本，暫譯），谷山雅計，宣傳會議。

這是創作出新潮文庫「Yonda？」文案的谷山雅計的著作。此書基本上是為了想成為文案寫手的菜鳥而寫，不過谷山先生所敘述的內容，同時也是適用於所有行業的工作原理與原則。

•《「能夠化為言語」就能成為武器》（「言葉にできる」は武器になる。暫譯），梅田悟司，日本經濟新聞出版社。

這是由前電通文案寫手、創作出 GEORGIA 咖啡「世界是由某人的工作所組成」等文案的梅田悟司，針對「言語化」的重要性所撰寫的著作。雖說言語化的必要性存在於各式各樣的地方，不過，其具體論證主要仍是在專業技藝領域中。由於此書是由敢於在該領域中靠「言語化」謀生的人物所寫，故內容可說是相當具體。

•《這件古董就是你》（この骨董が、アナタです。暫譯），仲畑貴志，講談社文庫。

今日，Washlet 已成為廁所裡的必要設備之一。而在此書所收錄的一篇文章中，便介紹了 Washlet 剛上市時為其製作文案的仲畑貴志，是經歷了怎樣的思考過程，才創造出了知名的廣告標語「屁屁也想被洗一洗」。

另外，由於此書本身是個短文集，故不需想太多，可以隨手就翻，輕鬆閱讀。

向溝通高手學習

・《修訂版 塔摩利的 TOKYO 坡道美學入門》（新訂版 タモリの TOKYO 坂道美学入門，暫譯），塔摩利，講談社。

塔摩利先生的博學多聞總是令我印象深刻，而這堪稱其中最出色的一本。附帶一提，據說坡道的鑑賞重點為①傾斜程度 ②彎曲方式 ③周圍有能夠展現江戶風情的事物 ④名稱有由來、歷史緣由。全書以美麗的彩色寫真貫串，可讓人充分享受東京坡道之美。

・《如何創造「不存在的工作」》（「ない仕事」の作り方，暫譯），三浦純，文春文庫。

此書真實揭露了「地方吉祥物」、「my boom」的命名之父三浦純，是如何透過行銷而賺取到財富。是一本以淺白易懂的文字說明創造力本質的商管書。

參考文獻

Part 1

法則 1

〈北野武說出所有「和黑幫的往來」〉（ビートたけし「暴力団との交際」すべて語った），《週刊文春 2011年9月29日號》。

《非理性：內在的敵人》（*Irrationality：The Enemy Within*，暫譯），斯圖爾特・薩瑟蘭（Stuart Sutherland），Pinter & Martin Ltd。

《快思慢想》，丹尼爾・康納曼，天下文化。

《憤怒管理》（アンガーマネジメント，暫譯），戶田久美，日經文庫。

〈從腦科學探討「憤怒」的機制！即使理智斷線，只要等6秒就能冷靜下來的理由〉（脳科学から「怒り」のメカニズムに迫る！カチンと来ても6秒待つと怒りが鎮まるワケ），https://gooday.nikkei.co.jp/atcl/report/16/070700034/071400003/。

法則 2

《杜拉克談高效能的5個習慣》，彼得・杜拉克，遠流出版。

《經理人的實務》，彼得・杜拉克，天下雜誌。

《SQ-I-You 共融的社會智能》，丹尼爾・高曼，時報出版。

《社會大躍進：人類為何愛吹牛、會說謊、喜歡聊八卦？從演化心理瞭解我們是誰，什麼會讓我們感到幸福快樂》，威廉・馮・希伯，時報出版。

法則 5

《廣告文案就是要這樣寫！讀本》（広告コピーってこう書くんだ！読本，暫譯），谷山雅計，宣傳會議。

《宣傳會議2019年9月號》，宣傳會議。

法則 7

《名甚於利的動機論》（お金より名誉のモチベーション論，暫譯），太田肇，東洋經濟新報社。

《田中角榮 昭和的光與影》（田中角栄 昭和の光と闇，暫譯），服部龍二，講談社現代新書。

Part 2

第 8 章

《葛洛夫給經理人的第一課：從煮蛋、賣咖啡的早餐店談高效能管理之道》，安德魯・葛洛夫，遠流出版。

《修訂版 塔摩利的 TOKYO 坡道美學入門》（新訂版 タモリの TOKYO 坂道美学入門，暫譯），塔摩利，講談社。

《讓你能正確選擇資訊的認知偏誤事典》（情報を正しく選択するための認知バイアス事典，暫譯），情報文化研究所著、高橋昌一郎監修，FOREST出版。

《什麼是偏誤》（バイアスとは何か，暫譯），藤田政博，筑摩新書。
〈從何時開始有終身雇用制？〉（終身雇用制はいつからあるの？），國立公文書館亞洲歷史資料中心，https://www.jacar.go.jp/glossary/tochikikohenten/qa/qa22.html。
《調查的技術 國會圖書館秘傳之參考密技》（調べる技術 国会図書館秘伝のレファレンス・チップス，暫譯），小林昌樹，皓星社。
《杜拉克談高效能的5個習慣》，彼得・杜拉克，遠流出版。
《牛津當代大辭典》，牛津大學出版社編，旺文社。

第9章

《這件古董就是你》（この骨董が、アナタです。暫譯），仲畑貴志，講談社文庫。
《思考・邏輯・分析「正確思考，正確理解」的理論與實踐》（思考・論理・分析「正しく考え、正しく分かること」の理論と実践，暫譯），波頭亮，產業能率大學出版部。
《「理解」是什麼意思？——認知的腦科學》（「わかる」とはどういうことか—認識の脳科学，暫譯），山鳥重，筑摩新書。
《科學寫作技巧》（理科系の作文技術，暫譯），木下是雄，中公新書。
《快思慢想》，丹尼爾・康納曼，天下文化。
《General Intelligence Test & Mental Ability Test》，RphEditorial Board。
《Google 超級用人學：讓人才創意不絕、企業不斷成長的創新工作守則》，拉茲洛・博克，天下文化。

《讓你能正確選擇資訊的認知偏誤事典》（情報を正しく選択するための認知バイアス事典，暫譯），情報文化研究所著、高橋昌一郎監修，FOREST 出版。

第11章

《Google 超級用人學：讓人才創意不絕、企業不斷成長的創新工作守則》，拉茲洛・博克，天下文化。

結構化面試的文章〈U.S. Office of Personal Management〉，https://www.opm.gov/policy-data-oversight/assessment-and-selection/structured-interviews/。

《動物本能》，喬治・艾克羅夫、羅伯・席勒，天下遠見。

第12章

《人的住處一九六四—二〇二〇》（ひとの住処 1964–2020，暫譯），隈研吾，新潮新書。

《如何找出改變世界的「觀點」》（世界が変わる「視点」の見つけ方，暫譯），佐藤可士和，集英社新書。

《STARBUCKS 咖啡王國傳奇》，霍華德・舒茲、朵莉・瓊斯・楊，聯經出版。

《新明解國語辭典第八版》，三省堂。

《被討厭的勇氣》，岸見一郎、古賀史健，究竟出版。

《經理人的實務》，彼得・杜拉克，天下雜誌。

《如何創造「不存在的工作」》（「ない仕事」の作り方，暫譯），三浦純，文春文庫。

《沒有色彩的多崎作和他的巡禮之年》，村上春樹，時報出版。

結語

《思考整理學》，外山滋比古，究竟出版。

頭腦好的人說話前思考的事

頭のいい人が話す前に考えていること

作　者　安達裕哉 Yuya Adachii
譯　者　陳亦苓 Bready Chen

責任編輯　李雅蓁 Maki Lee
責任行銷　朱韻淑 Vina Ju
封面裝幀　Dinner Illustration
版面構成　黃靖芳 Jing Huang
校　對　葉怡慧 Carol Yeh

發 行 人　林隆奮 Frank Lin
社　長　蘇國林 Green Su

總 編 輯　葉怡慧 Carol Yeh
日文主編　許世璇 Kylie Hsu
行銷經理　朱韻淑 Vina Ju
業務處長　吳宗庭 Tim Wu
業務專員　鍾依娟 Irina Chung
　　　　　李沛容 Roxy Lee
業務秘書　陳曉琪 Angel Chen
　　　　　莊皓雯 Gia Chuang

發行公司　悅知文化　精誠資訊股份有限公司
地　址　105台北市松山區復興北路99號12樓
專　線　(02) 2719-8811
傳　真　(02) 2719-7980
網　址　http://www.delightpress.com.tw
客服信箱　cs@delightpress.com.tw
ISBN　978-626-7406-52-6
建議售價　新台幣399元
首版一刷　2024年4月
首版四刷　2024年6月

國家圖書館出版品預行編目資料

頭腦好的人說話前思考的事/安達裕哉著；陳亦苓譯. -- 一版. -- 臺北市：悅知文化精誠資訊股份有限公司，2024.04
320面；14.8×21公分
ISBN 978-626-7406-52-6（平裝）
1.CST: 思考 2.CST: 思維方法 3.CST: 生活指導
176.4　　113003828

建議分類｜商業理財

世界上有很多生存所必須，
世間也認為其為正當的事物。
人權就是其中之一。
仔細思考這是否是正確？
就會發現人權並非是堅不可摧的概念。
所以我想透過娛樂小說的力量，
動搖日常中各式各樣的既有觀念。

——須藤古都離

一 梅菲斯特獎（メフィスト賞）

由講談社於一九九五年起，所舉辦的小說新人獎，傳統的新人獎大多以選出各方面表現平均、中規中矩，讓大多數讀者都覺得不錯的作品爲主。

本獎項跳脫過往模式，以神秘小說、奇幻小說及科幻小說爲主的娛樂小說爲評選範圍，直接由編輯決定，選出最想出版、最好看的娛樂小說爲準則。

採用長期徵稿方式，不設評審委員、沒有獎金、沒有徵稿期限、作品字數無上限（下限是三百五十張稿紙）。由編輯從不斷湧入的稿件中閱讀、遴選、出版，完全以編輯的角度來評選，因此有時一年只有一名得獎者，有時多達五、六名。

須藤古都離 Sudo Kotori

一九八七年出生於日本神奈川縣。

畢業於青山學院大學。

二〇二二年以作品《大猩猩審判日》獲得第六十四屆梅菲斯特獎，全場專業人士一致通過，也是其首部單行本。

二〇二三年夏天出版《無限的月》新作，探討「何謂人心」。

本作故事背景及主角，是由兩隻實際存在的大猩猩為原型——

二〇一六年年美國俄亥俄州辛辛那提動物園，為救出一名擅闖大猩猩柵欄的四歲男童，開槍射殺十七歲大猩猩哈蘭貝，引起輿論譁然。

出生於美國加利福尼亞州的舊金山動物園的西部低地雌猩猩．可可，生前掌握大量改版的美國手語手勢。因收養一隻貓作為寵物而受到關注，於二〇一八年去世，得年四十六歲。

一

我睡在一個狹窄但舒適的地方。
這裡窄到讓我難以翻身，但我的心中充滿了喜悅。
隨著時間的流逝，我慢慢成長。因為我的成長，空間帶給我的迫窄感益發強烈。

就在這一天，我終於要離開這個熟悉的空間。
整個世界彷彿正在收縮，我被擠壓到幾乎變形。
緊接著是一陣強而有力的洪流，將我推出了母體的胎盤之外。
我吐出羊水，深吸一口氣，讓空氣灌滿了我的肺。
在很短的時間裡，窒息感開始消褪，我用力擺動四肢。
我的周圍再也沒有那柔軟的牆壁限制我的行動。
我自由了。

我睜開雙眼，望向那正在凝視著我的母親。
母親的美麗雙眸，散發著柔和的神采。
她將我捧在懷裡輕輕搖晃，幫助我入眠。
我躺在母親那強而有力的雙臂之中，聽著母親哼的旋律，閉上了雙眼。

我出生於一座長年受濃霧籠罩的森林之中，位於非洲的喀麥隆。

教育孩子非常盡心且嚴厲的母親，英文稱作 tiger mother，也就是虎媽。我的母親雖然不是老虎，但她教育孩子也絲毫不馬虎。其他的孩子每天都在深山裡奔跑嬉戲，我卻經常被母親帶進研究中心。除了我之外，沒有其他任何孩子必須進研究中心。母親和我可說是特例。研究中心對我來說，就像是除了叢林以外的另一個生活空間。我對這樣的母親感到相當自豪，所以我總是壓抑住想要和朋友們一起遊玩的心情，跟隨母親前往研究中心。

研究中心的職員總是熱情迎接我們的到訪。我經常被母親抱在懷裡，看著母親和研究中心的職員說話。當時我還沒學會說話，所以聽不懂他們在說什麼。但從母親那笑盈盈的表情，我知道母親非常信任他們。母親對那座研究中心，以及研究中心內的職員們，有著深厚的感情。

在那研究中心裡，母親總是懷抱著我，接受各種測驗。每一種測試的主題都不相同，有語言能力，有記憶力，也有認知能力及數學知識。每一次的測驗都大同小異，但每一次研究中心的研究人員都會露出驚愕的表情。

當時我完全不知道，對身為女兒的我，他們抱持的期待不亞於對我的母親。一個特別的母親，所生出的特別孩子。像我這樣的孩子，在世界上可說是獨一無二，但是當時的我當然不知道這些，只是每天過著悠哉的日子。

當我長大一些之後，母親開始教我語言。我學會的第一個單字是「蘿絲（Rose）」，那是我的名字，取自母親最喜歡的花朵。

我每學會一個單字，母親都會開心得手舞足蹈，用她那巨大的身體把我緊緊抱住。我為了讓母親開心，更是用心學習，幾乎不把時間花在遊玩上。

後來我開始跟著母親，在研究中心向職員學習語言。我學會的單字越來越多，也漸漸學會把幾個單字結合在一起，組成簡單的句子。在單字與單字不斷結合的過程中，我感覺原本模糊不清的世界變得越來越清晰，越來越複雜，而且越來越閃耀動人。

又過了一段日子，我漸漸習慣了疑問句的組合，開始朝著身邊的每個人不斷拋出問題。

那是什麼？這是什麼？為什麼會這樣？

只要是我眼中所見，還叫不出名堂的東西，幾乎全都問過了一遍。

〈你們在這裡做什麼？〉

有一天，我朝雀兒喜這麼問道。她是個女性研究人員，長得很美。

「我們在做研究。」棕色頭髮紮了個馬尾的她如此回答。但她這個回答並沒有辦法讓我滿意。

〈你們在做什麼研究？〉

「我們在做大猩猩的研究。」

〈什麼是大猩猩？〉

我的旺盛好奇心，讓她露出了微笑。接著她說出了一句讓我終身難忘的話。

「大猩猩就是你們這些住在森林裡的好朋友。」

她嘗試以我所懂的單字，解釋大猩猩的意思。我喜歡牛奶

住在森林裡的好朋友。

從那天之後，我才知道自己是一頭大猩猩。

・・・

「這次的案子一點也不複雜，大家應該都同意吧？只要以常識思考一下，就可以得到結論。」

氣氛凝重而緊繃的房間裡，編號七號的男人率先開口說道。他大概滿腦子只想要趕快結束這場訴訟，早點回家休息吧。其他十一人都默不作聲，靜靜等著他繼續說下去。

十二名陪審員圍著桌子而坐，你看著我、我看著你，顯然每個人都在揣摩著其他人的心思。

「這起案子事關一個三歲男童的性命，動物園的判斷絕對不會有錯。我認為繼續討論下去只是浪費時間，就判園方獲勝吧。」

「四歲。」編號三號的婦人訂正了七號男人的話。

「什麼？」

「男童的年紀是四歲。」

「三歲跟四歲有什麼分別？」

想要早點回家的人，絕對不止七號一個。但七號那不負責任的輕浮態度，引起了不少人的反感。

「我也認為園方的判斷沒有錯，但我不贊成省略討論的步驟。不管案情再怎麼單純，我們都有義務在做出決定之前深思熟慮一番。」

編號四號的男人針對七號的輕率態度表達了反對之意。好幾個人輕輕點頭，顯然是贊成四號男人的主張。

「你們要談，當然也沒問題。」七號男人舉起雙手，做出投降的動作。「你們之中，有人認為園方有疏失嗎？如果有的話，我還真想聽聽看理由。」

「不然這樣好了，我們先簡單回顧案情，再來討論園方的處理方式是否有錯，大家覺得如何？」

四號男人觀察桌邊十一人的神色，大家都露出了贊成的表情。

「好，那我盡可能長話短說。這起案子發生在十月二十八日的下午四點。一個名叫安潔莉娜・威廉斯的婦人，帶著兩個兒子尼奇及安德魯，前往了克里夫頓動物園的大猩猩區。母親一個不留神，年僅四歲的尼奇竟然翻越柵欄，掉進了柵欄內側。剛好在附近的大猩猩家族領袖奧馬里走過來抓住了尼奇，或許是因為周遭遊客的騷動讓奧馬里摸不著頭緒，牠忽然拖著尼奇在柵欄內走來走去。不到十分鐘，動物園的園長霍普金斯就帶著槍手抵達現場。槍手並沒有使用麻醉彈，而是直接使用實彈將奧馬里射殺。子彈貫穿了奧馬里的心臟，同時園方的工作人員將孩童救出。到這邊為止，應該沒問題吧？認為動物園的處理方式有問題的人，請發言吧。」

「直接使用實彈的部分，我認為有爭議。」三號婦人微微舉起手掌說道：「雖然他們說當時的情況不能使用麻醉彈，但我有點懷疑這個判斷的正確性。」

「以當時的情況來看，確實不能使用麻醉彈。」二號男人搖頭否定了婦人的質疑。「作證的獸醫說得很清楚，當時如果使用麻醉彈，在麻醉藥發作之前，男孩的處境會非常危險。監視器的影像，大家都看過了，男孩翻過柵欄，倒在柵欄內側，那頭大猩猩竟然將男孩抓著拖行。如果使用麻醉彈，大猩猩很可能會發狂，男孩如今恐怕已經身受重傷了。」

「就算使用實彈，應該也會有同樣的風險吧？大猩猩被實彈擊中的瞬間，有可能會抓著男孩的身體亂甩。」

「但以結果來看，妳說的這個狀況並沒有發生。」七號男人凝視著桌面說道。那是一張以桃花心木製成的美麗實木桌子，桌面打磨得有如鏡子一般光滑。「因為園方使用了實彈，將大猩猩當場擊斃，所以男孩沒有受傷，這是不爭的事實。」

「但是根據專家的說法，當時大猩猩的舉動並沒有危險性，那只是大猩猩逗弄自己的子女時的動作。雖然在我們的眼裡看來很危險，但或許根本沒那麼嚴重。」編號十一號的半百老人提出了第二個問題點。

「事情已經結束了，才來講這種不用負責任的話。何況就算是真的，用對待大猩猩孩子的方式來對待人類的孩子，你們認為不會有危險嗎？還有，動物園的人也算是動物專家吧？既然他們判定這起事件有危險，這表示即使是專家，對這起事件也沒有一致的共識。」二號男人反駁道。

「再怎麼說，大猩猩也是瀕臨絕種的保育類動物，真的除了殺死之外沒有其他辦法嗎？」

「大猩猩是保育類動物，這點園方不可能不知道。就算是平時不能隨便殺害的動物，在那種情況下，也只能從權了。若要說園方真的有什麼疏失，那也是安全管理上的問題，並不是本案的爭議點。」

只要有人想到質疑的點，立刻就會有人加以反駁，從頭到尾的討論都維持著這樣的狀態，並沒有實質的進展。

「我想這只是一個很單純的問題。」原本一直保持沉默的一號，看著七號緩緩開口說道：

「兩條性命要救哪一條？是人的性命，還是禽獸的性命？就這麼簡單，不是嗎？如果置之不理，男孩可能會有生命危險。為了拯救男孩的性命，園方犧牲了大猩猩的性命。我認為這樣的選擇並沒有錯。」

二號聽了一號的話，用力點了點頭。

「我也這麼認為。人的性命比動物的性命重要，這應該是常識。」二號說到這裡，停頓了一下，接著又像是想起了什麼，接著說道：

「我相信一定有人會認為動物的性命和人的性命一樣重要，但我並不認同這種說法。天底下難道有人會為了救一隻老鼠，而願意犧牲自己的生命？既然沒有，說什麼性命一樣重要只是唱高調而已。」

「人的性命與動物的性命……如果要從這個角度思考，當然是人的性命重要一些。」

不應該貿然做出結論。

雖然在場大部分的陪審員都抱持著這樣的謹慎心態，但共識顯然已經成形。

• • •

我聽見了咚咚聲響。律師尤金在我眼前的桌面上輕敲，提醒我注意狀況。那動作看起來像是在為我祈求好運。好運，確實是我們現在最需要的東西。尤金不僅自己站了起來，同時也催促我起身。我猜剛剛多半有人喊了一聲「全體起立」，只是我沒聽到。

我深深嘆了一口氣，甩開腦海裡的混亂思緒，背桿用力一挺，前腳順勢離開地面，維持著後腳站立的姿勢。不知從什麼時候起，法官及陪審員都回到了法庭上。距離最後一次辯論結束不到一個小時的時間，我們就被叫了回來。

原則上陪審團必須全體達成共識才能提交評決，怎麼會結束得這麼快？這是好事還是壞事，目前還看不出來。不安的心情幾乎讓我精神崩潰。

如今我們所在的地點，是漢密爾頓縣（Hamilton County）一般訴訟法院的法庭內。法院的正面入口附近排列著許多壯觀的石柱，是一棟典型的新文藝復興建築。挑高的白色天花板上，有著宛如棋盤方格一般的金色裝飾物，整齊排列的小照明燈照亮了整個空間。外頭的陽光自右手邊的窗外透入，照射在十二名陪審員的背上。牆壁上掛著許多肖像畫，可能是獨立戰爭時期的人物吧。地毯上那些淡紫色的軟毛，不斷搔動著我的腳板。

我是發起這場訴訟的一方，也就是原告。但是法庭裡的木椅實在太小，我根本坐不下。這也是沒辦法的事，畢竟那是人類的椅子。以西部低地大猩猩（Western lowland gorilla）的雌性體格標準來說，我的身體不算特別大，也不算特別小。雖然擁有大約一百公斤的體重，身高卻只有一百四十公分左右。我的手臂很長，攤開雙臂可達兩公尺寬。換句話說，我的體格跟人類完全不一樣。

雖然我的身體覆蓋著黑色的短毛，但我還是穿著一套藍色的西裝外套及西裝褲。這是為了參加今天的開庭，特別量身訂製的衣服。而我的雙手，依然戴著那特製的手套。

由於我沒有辦法像人類一樣坐在原告席上，所以他們特別通融，讓我坐在原告席與被告席之間的地板上。這個位置剛好是法庭的正中央，與法官正面相望。

我一邊起身，一邊觀察陪審員們的表情。他們全都緊閉雙唇，不發一語。從他們那緊張的神態，我完全沒有辦法推敲他們針對這場審判做出了什麼樣的評決。他們全都面對著正前方的法官，彷彿每個人都努力避免與我四目相交。

站在被告席上的霍普金斯園長一臉沉不住氣的模樣，與他平常的形象完全不同。他不時掏出手帕，擦拭他那光禿的額頭。整間法庭內鴉雀無聲，所有人都在等待著法官開口說話，我彷彿可以聽見霍普金斯園長吞口水的聲音。

「各位陪審員，請問你們是否已經做出了評決？」

男性的法官以低沉的嗓音問道。那聲音宛如音樂一般，迴盪在這個死寂的房間裡。

法官的身上穿著寬大的黑色長袍，使得他的身體輪廓與我們大猩猩有著幾分相似。那帶著一抹高傲的強硬口吻，讓我對這個人產生一絲好感。那充滿了自信的態度，沒有一絲迷惘，流露出一股宛如野生動物一般的威嚇感。一般的人類可沒有辦法有這種感覺。

我喜歡強者。尤金雖然站在我這一邊，但在他的身上，我感受不到一絲強壯的氛圍，這點一直讓我覺得很可惜。

我從來不相信弱者。當然我不是特例，天底下沒有一種動物會願意追隨弱者。因為這個緣故，即使到了這一刻，我還是沒有辦法打從心底信任尤金。尤其是在聽完了他那欠缺說服力的結辯陳述之後，我更是深信他沒有能力處理這件事情。他的說話方式，彰顯出了他的性格。他是個很溫柔的人，但總是缺乏臨門一腳的氣勢。而且他實在太年輕了。從他那稚嫩的臉孔，我不禁懷疑他才剛從學校畢業。對於打官司這件事，他也稱不上駕輕就熟。最重要的一點，我實在無法喜歡他那缺乏自信的說話方式。

「是的，法官。」

一名男陪審員清了清喉嚨之後，代表整個陪審團發言。宣布陪審團評決時的對話，都只是做做樣子而已。因為完全欠缺熱情的關係，那聲音聽起來相當冷漠。但我心裡很清楚，這個男人接下來說出口的話，將會決定我的一切。

我一時感覺天旋地轉，心臟撲通亂跳。

驀然間，我忽然有種想要拋下一切逃走的衝動。

不安的心情幾乎將我壓垮，光是站著就讓我感覺無比吃力。

「請說出你們的評決。」法官的聲音就跟剛剛一樣，有如音樂一般。

沒什麼好擔心的，我一定會贏。為了甩開不安，我在心中如此告訴自己。

我沒有輸的理由。我的丈夫遭到了槍殺，下手的人怎麼可能不用受罰？天底下不可能有這麼沒道理的事。然而我身邊的所有人卻都勸我保持沉默，勸我乖乖接受命運的安排。

我不是個弱女子。我沒有辦法允許自己忍氣吞聲。我沒有辦法原諒那些人。我沒有辦法說服自己不起身對抗他們。

我不可能會輸。

我目不轉睛地看著那名陪審團代表。

「這場由蘿絲．納庫沃克控告克里夫頓動物園的案子，我們駁回了原告的控訴。」

男人說得輕描淡寫。這句話一說出口，旁聽席上登時掀起一陣騷動。法官似乎相當滿意這個評決，敲了敲手上的木槌，宣布閉庭。

我以眼角餘光，看見霍普金斯園長露出一副鬆了口氣的表情，笑嘻嘻地與律師握手。

我完全沒有辦法接受那個男人說出的評決。我竟然輸了。我不僅失去了丈夫，而且還在法庭上敗北。我感覺整個人像是墜入了黑暗的無底深淵。

站在旁邊的尤金轉頭朝我望來，他的眼神中交雜著憐憫與懊悔。他伸出手，在理得整整齊齊的茶褐色頭髮上抓了抓，似乎正在煩惱不知道該對我說什麼才好。

「我很遺憾。沒能幫上忙，真的很抱歉。妳還好嗎？」

我聽見尤金那疲軟無力的聲音，勉強點了點頭，但我一點也不好。

一點也不好。

我感覺全身的力氣正在流失。我只能放下前腳，以拳頭輕輕抵著地板。塞在特製手套裡頭的緩衝材料被壓在地毯與拳頭之間，發出沙沙聲響。

正當我感到茫然若失的時候，霍普金斯園長悄悄朝我走近。

「這次發生這樣的事情，真的對妳很抱歉。雖然已經向妳道歉過很多次了，但直到這一刻，我的心裡還是充滿了遺憾。」

霍普金斯園長接著歪過他那光禿的頭，似乎在觀察我的表情。那對隱藏在黑框眼鏡後頭的雙眼，宛如水果乾一般乾燥。身上的藍灰色西裝，隱隱散發出汗臭味。

「我想妳應該明白，我們也不是故意要做出那種事。我不敢求妳原諒我們，但如果妳願意的話，或許我們能夠像從前一樣，一起在動物園裡生活。」那聽起來相當誠摯的低沉嗓音，觸動了我的心弦。那冷靜的言詞，反而令我更加無法保持冷靜。

如果可以的話，我好想拋開這段仇恨，再一次抱住他那圓鼓鼓的大肚子。但是另一方面，我又告訴自己絕對不可以有這樣的想法。到頭來，我依然沒有辦法接受丈夫已經死亡的事實。

看著霍普金斯園長那不知如何是好的表情，我心裡也有些過意不去。但是現在的我，實在不知道該如何重新整理自己的心情。一句輕描淡寫的評決，宛如否定了我的一切。那一群陪審員在討論的過程中，到底說了些什麼話，當然我無從得知。但我光是想像，就感覺到胸口隱隱抽痛。

現在的我，實在不想跟任何人交談。我必須全神貫注，才能壓抑下自己心頭的怒火。於是我轉身背對霍普金斯園長，以四足步行的方式，走向法庭出口。旁聽人員及相關人士看見我靠近，都嚇得趕緊讓出一條路。原本坐在旁聽席上的雀兒喜，從後頭匆忙追趕上來。

或許是我的態度惹惱了霍普金斯園長，他嘶聲大喊：「六年！我照顧了奧馬里整整六年的歲月！他是妳的家人，也是我的家人！難過的人並不是只有妳而已！」

我假裝沒有聽見這些話，快步奔過法院大廳。有著相當厚度的黑色手套在白色的平滑大理石地板上摩擦，發出沙沙聲響。

就在這個瞬間，我感覺自己彷彿是在灰暗的森林裡奔跑。我拚命地跑著，彷彿後頭有著什麼猙獰的東西在追趕著我。我穿過了茂盛的樹叢，鑽進草叢裡，顧不得身上已沾滿污泥，只是不斷地向前奔逃。離開了家族的我，竟然是如此無力。彷彿有某種看不見形體的東西，正在我的身後追趕著我。我已經被那個東西盯上了，絕對不可能逃得掉。

然而現實中，我卻是奔跑在打掃得整整齊齊，放眼望去盡是裝飾品的大廳上。附近的人都一臉驚恐地盯著我看。整個大廳裡的一切彷彿都凍結了，只有我與雀兒喜依然在奔跑著。

「蘿絲！等一下！」雀兒喜好不容易追上了我，卻已累得滿臉通紅。「現在應該有大批記者守在外頭。最好不要讓記者看見妳失去理性的樣子，否則事情會變得更加棘手。我建議妳稍微休息一下，等恢復冷靜再出去吧。」雀兒喜在說這些話時，早已上氣不接下氣。

我慢慢停了下來，轉身面對著雀兒喜。我以手語向她傳達我的想法。

「對不起，我沒想到會輸，所以一時亂了方寸。」

我使用的是美式手語。戴在雙手上的手套能辨識我的動作，自動發出正確的語音。埋在手套裡的擴音器，發出的語音就像是有人在講話一樣流暢。它會自動學習我的手語習慣，所以精準度相當高。但語音永遠只能以冷靜的態度說話，沒有辦法帶有感情。我不知道該怎麼傳達自己心中的憤怒、悲傷與困惑，心情加倍煩躁。

「我明白，真的沒想到會發生這種事。」雀兒喜蹲了下來，將我抱住。

「妳已經很努力了，可惜有些事情畢竟沒有辦法改變。」

我聽得懂英語，但雀兒喜總是很貼心地一邊說話一邊比手語。

「那些媒體記者恐怕不會在乎妳的感受，他們會問妳一些很過分的問題。所以我建議妳走出去之後，不要回答他們的任何問題。山姆會開車過來接我們，我們快離開這裡吧。」

我將右拳舉到自己的臉旁邊，伸出食指。手套辨識我的動作，發出「好的」的語音。

就在這時，後頭傳來了腳步聲。轉頭一看，尤金這時才追上我們。尤金來到我的身邊，以雙手撐著膝蓋，不停喘著氣，似乎已經用盡了全部的精力。

「對不起，我太慢了。蘿絲還好嗎？」

我一點也不好。輸了官司，沒有理由會好，他還一問再問，更是增添我心中的惱怒。就算我告訴他不好，也不能改變任何結果。

「我現在不想說話，晚點再談吧。」

尤金聽我這麼說，露出些許鬆一口氣的表情。

「好吧，不過接下來要怎麼做，我們還得找時間談一談。對了，外頭都是記者，妳一定要表現出堅定的態度，什麼話都不用說。」

雀兒喜才剛跟我說完這些，他又對我說了一次相同的話，還露出一臉得意的表情。我越看他心裡越煩，完全不想回話，將身體轉向另外一邊。

「那我先走了，如果有什麼事的話，隨時通知我。」

我聽了尤金這句話，並沒有回頭，只是與雀兒喜對望了一眼。我跟雀兒喜之間就算不使用手語，似乎也能心意相通。我想以後不會再拜託尤金任何事了。當初相信他，根本是個錯誤。

我聽著尤金的腳步聲逐漸遠去。

「我們也走吧？」雀兒喜嘆了口氣後說道。我輕輕點頭回應。

「我們一起走出去，妳不要急躁，走慢一點。有記者靠近，我會替妳擋住。」

雀兒喜露出輕柔的微笑。她從黑色外套的口袋中掏出手機，撥打電話後將手機放在耳邊。

「山姆？是我。嗯，已經結束了。麻煩你開車來接我們。」她簡單扼要地說完，轉頭看著我。

「山姆會開車過來。一看見他的車，就筆直朝車子走過去，立刻上車，不要停留。記者不管問什麼都不用回答，而且絕對不要離開我的身邊，好嗎？」

「好的。」我比了跟剛剛一樣的手勢。

「我們走吧。」雀兒喜輕輕撫摸我的肩膀。

我們緩步走下樓梯，來到寬廣的法院入口大廳。我們躲在出入口旁邊柱子的後頭，觀察法院外的狀況。果然法院前擠滿了媒體記者。光是新聞播報員就有數十名，各自對著攝影機說話。我突然感到一陣恐懼，以手指輕輕捏住雀兒喜的褲管。

雀兒喜瞥了我一眼，面露微笑。我一邊看著外頭的媒體記者，一邊做出以雙手懷抱自己的動作，向她表示「我好害怕」。

「不用擔心，只要我們兩個人在一起，一定能夠度過眼前的難關。看，車子來了，妳準備好了嗎？」

我輕輕點頭，發出低沉的嗚嗚聲。平常我搭乘的那輛廂型車，確實來到了法院外，但是看起來離我好遙遠。

辛辛那提（Cincinnati）的冬天非常寒冷。昨天晚上的一場大雪，讓建築物及地面都閃耀著白色的光輝。相較之下，我從小生活的喀麥隆就算到了冬天，氣溫也不曾降至二十度以下。還記得剛來到美國的時候，美麗的雪景讓我讚嘆不已，但是那寒風刺骨的感覺也讓我不禁深深感慨我距離故鄉是如此遙遠。

一陣寒風吹來，冷得我直打哆嗦。這股寒意實在讓我吃不消，無論如何得盡快上車才行。

「好，我們走吧。不管被問什麼問題，都不要回答。」

雀兒喜以手搭著我，示意我邁出步伐。於是我伸出拳頭，讓身體往前進。雀兒喜將手放在我的背上，跟著我一起前進。

一名新聞播報員看見我們，立刻將麥克風湊了過來。不一會，我們已經被數不清的新聞記者包圍。

「可以請妳描述一下敗訴的心情嗎？」
「妳認為敗訴的原因是什麼？」
「妳覺得今後有可能跟動物園達成和解嗎？」
麥克風從四面八方遞來，每個人都在對著我發問。我心中驚恐不已，同時心中卻也有一種莫名的亢奮感。無數的快門聲在我的耳畔迴響，強烈的閃光燈有如細針一般不斷刺入我的眼中。
敗訴的原因？為什麼不去問陪審員？他們才是決定審判結果的人。
沒錯，那些陪審員才是決定一切的人。那些人類的陪審員，總共有十二人，我猜大概沒有一個人是站在我的立場思考這起案子。
「無可奉告。」雀兒喜為我擋下那些煩人的媒體記者，同時以右手撥開人群，為我開路。我在她的保護下慢慢往前進。車子已停在路邊，但是離我們好遠。攝影機不斷在後頭追著我們，我感覺自己像在參加一場美式足球比賽。如果這真的是一場比賽，我們應該正處於劣勢吧。由媒體記者所組成的人牆實在太過堅固，令我們寸步難行。
「妳認為判決合理嗎？」
「有沒有什麼話想要對克里夫頓動物園說？」

我依照雀兒喜的吩咐，默默地從媒體記者的縫隙間穿過。但或許是因為近距離感受到那些媒體記者的身體所散發出的熱氣，我察覺自己的情緒越來越激動。

媒體記者踏融的積雪，沾在我的衣服及手套上，搞得我身上又濕又髒。

法庭上的莊嚴和肅穆，與眼前圍繞著我的這群人所流露出的猥瑣與聒噪，可說是形成了強烈的對比，落差大到缺乏真實感。

「喂！大猩猩！轉過來啦！」

那失禮到令人難以置信的聲音，讓我忍不住回過了頭。媒體記者們彷彿就在等著這一刻，全都朝我湊近。雀兒喜遭到推擠，離我越來越遠。

我在採取四足步行姿勢時的身高比較矮，圍繞在我周圍的媒體記者們都是低頭看著我。

「蘿絲！這邊！蘿絲！」我聽見了雀兒喜的聲音，但受到人牆阻擋，我看不見她。

「請問妳有上訴的打算嗎？」一名身材姣好的女播報員擋在我的面前。我想要從她的身邊通過，但她再次擋住了我的去路，臉上依然維持著和善且充滿魅力的笑容。

有沒有上訴的打算？我根本沒有打算過那種事。我根本沒有想過輸了之後該怎麼辦。

「能說一下妳現在的心情嗎？」

女播報員察覺我陷入沉思，繼續朝我追問。我需要雀兒喜的幫助，但是她被推出了媒體記者的人牆外。我如果不回答這個女人的問題，看來她是不會讓我過去。

於是我決定只回答一句話。我攤開手掌，將雙手舉到胸前，使勁往斜上方推出。

「我感到憤怒。」

沒錯，我感到憤怒。但這還不足以形容我的心情。接著我將右手放在頸邊，做出彷彿要將東西捏碎的動作。

「我感到丟臉。」

一開始描述心情，我發現想說的話太多，再也停不下來了。

「他們奪走了我的丈夫，我請求伸張正義，卻遭到拒絕。我好懊惱，我感到非常憤怒。」

當我開始說話，周圍響起了更多的快門聲，場面瞬間升溫。我的手套所發出的那些平板單調的語音，讓我感到很不舒服。我的心裡有股想要怒吼的衝動，但我知道一旦我做出「野獸般的行為」，我的立場會變得更糟糕。所以我努力說服自己保持冷靜。

「請問妳今後有什麼打算？」

「什麼打算也沒有。我已經放棄了。正義完全受人類操控，這樣的審判對我們動物來說一點也不公平。」

我這句話一說出口，眼前登時揚起一陣騷動。我知道這種時候最好別亂說話，但我無法克制自己。

「請問『正義受人類操控』是什麼意思？」另一名播報員跟著提問。

「法官跟陪審員都是人類，他們根本不瞭解我們大猩猩。」

我剛說到這裡，雀兒喜從人群中鑽了進來，繼續引導我走向車子。

她為我打開了後座的滑動式車門，於是我進入車內。坐在前方駕駛座的山姆正轉過頭來，一臉不安地看著我。他應該是想要詢問判決結果吧。緊接著雀兒喜也上了車。山姆或許是從雀兒喜的表情看出我們敗訴了，什麼話也沒說，緩緩踩下油門。

「我不是說過，什麼話都不要說嗎……？」雀兒喜一邊為我繫上安全帶，一邊低聲抱怨。

「『正義受人類操控』這種話，一定會引來誤會。要是那些新聞媒體胡亂報導，大家對妳的觀感可能會變得更糟。」

她一邊說，一邊移動至副駕駛座。

車子通過梧桐街（Sycamore Street），轉入奧本大道（Auburn Avenue）。

「我只是實話實說而已。根本沒有人理解我，人類從來不曾真正關心過動物。」雀兒喜的抱怨令我心生惱怒，因此我如此反駁。

「別這麼說。是這次的案子比較難做出正確的判斷，畢竟沒有前例。」

道路兩旁的行道樹都已掉光了樹葉，只剩下光禿禿的樹枝。從前的我根本沒見過如此寂寥的景象。

在我從前生活的叢林裡，樹木絕對不會有掉盡樹葉這種事。不論任何時候，只要抬起頭來，就可以看見數不清的枝葉覆蓋整片天空。

我看見一群孩童，在積雪的坡道上玩著雪橇。孩童在嬉戲的時候，表情總是如此天真無邪，不管是人類還是大猩猩，都沒有什麼分別。

這讓我想到了故鄉的同伴們。那群總是玩在一起的兄弟姐妹。不曉得他們還記不記得我？

車子馬上就要抵達動物園了，但我還不想回去。

我好想逃得遠遠的，逃到一個沒有人認識我的地方。

可惜我不管逃到哪裡，都找不到一個不認識我的人。雖然來到美國才一年半，我已經有名得過頭了。

我好想回到叢林裡。回到那個我從小生長的動物樂園。

可惜他們絕對不會讓我回去。

因為我已經不是我了。

如今美國掌握了我的所有權。我是美國向喀麥隆租借之物。

我會在這個地方，完全是基於一場交易。我沒有辦法依照自己的意願改變這個結果。

剛剛那場審判的結果，其實不也一樣嗎？

我們大猩猩充其量只是動物。既然是動物，就不可能像人類一樣受到尊重。

車子通過馬丁路德金恩大道（Martin Luther King Drive），轉進葡萄藤街（Vine Street）。以人權運動領袖的名字冠名的街道，在全美國可說是多得不可勝數。辛辛那提的馬丁路德金恩大道，是橫貫全市的重要幹道。我每次聽到這個名字，都不禁遙想他的貢獻。

馬丁・路德・金恩※。他擁有一個美好夢想。如果是他的話，或許會理解我的處境。

我轉頭望向窗外，心中忽然想起當初和尤金討論訴訟策略時的一段對話。如今回想起來，或許尤金打從一開始就不打算認真幫我打官司。他當時問了我一句：「為什麼妳想要打這場官司？」

一時之間，我以為他是在譏諷我。今天如果受害者換成人類，我不認為他會問出同樣的問題。

「丈夫被殺了會想要叫警察，凶手沒有受到懲罰會想要打官司，這不是理所當然的事情嗎？我的決定完全合乎常理。」

依照我的手語動作發出的電腦語音沒有任何抑揚頓挫，簡直像是在說著一件枯燥乏味的事情。如果可以的話，我多麼希望這幾句話能夠說得更加義正詞嚴。

我的決定完全合乎常理。至少我過去一直是這麼認為。

可惜陪審員們似乎並不這麼想。

坐在副駕駛座的雀兒喜轉頭說道：「動物園到了，準備下車吧。」

「我不想回動物園，我沒辦法繼續待在那個地方。」

從奧馬里遭到殺害，到進入訴訟程序的那段期間，我只能住在動物園裡，假裝什麼事也沒有發生，忍氣吞聲地度過那段屈辱的日子。但如今我已與霍普金斯園長對簿公堂，而且還輸了官司，不可能再回克里夫頓動物園生活。

「妳不回動物園，那妳打算去哪裡？」山姆吃驚地問道。他一邊這麼問，卻還是一邊將車子開進動物園的停車場裡。

「雀兒喜，我想跟妳一起住。」

「蘿絲，如果可以的話，我也想跟妳一起生活。但我的住處太小了，沒辦法讓妳住進來。」

雀兒喜一臉歉意地說道。

「或許可以試試看搬到其他動物園。在原本的計畫裡，上頭本來就打算如果配種不成功，就把妳移到其他動物園。」山姆在停車場內將廂型車停好後，轉頭說道：「我猜應該可以找得到願意收留妳的動物園。雖然惹出了一起訴訟案，但我想應該還是有很多動物園巴不得收留妳。不過要換動物園恐怕沒那麼容易，得花一些時間進行協調。」

「妳放心，我們會幫妳找合適的動物園，並且盡可能早一點把妳接走。但目前妳還是只能待在這座動物園裡，妳得忍耐一下。」

他們兩人說的話讓我的心中燃起了一股希望，但我實在沒辦法暫時在這裡待著。

雀兒喜移動到後座，蹲在我的旁邊問道：

「蘿絲，妳還好嗎？」

我彎曲食指，做出宛如敲打桌子的動作，接著將雙拳在胸前交叉。雀兒喜看了我的手語，突然眼中含淚，張開雙臂將我緊緊抱住。接著我的手套才發出「請妳抱緊我」的電腦語音，雀兒喜的動作比聲音還快了半拍。

「妳已經盡了力，我真的以妳為榮。」我聽著雀兒喜的話，忽然有股莫名的虛脫感。懊惱與不甘心的情緒幾乎要將我壓垮。我需要一點平復心情的時間。

「讓我獨處一陣子。」我說道。

山姆與雀兒喜明白我的心情，兩人都沒有多說什麼。

「我們就在車外，等妳稍微冷靜一點，再告訴我們吧。」

我獨自待在車內，腦袋一片空白，什麼也沒有辦法思考。

為什麼我會遇上這些事？為什麼我沒有辦法像一頭普通的大猩猩一樣住在叢林裡，也沒辦法在動物園裡平平安安過日子？

我是一頭大猩猩，腦袋裡的想法卻跟人類一樣，而且還做著人類才會做的事情。過去曾有一段日子，這是讓我非常開心的事情。因為我是如此特別，這帶給我一種幸福感。但如今正因為我不是一頭普通的大猩猩，所以我承受著如此強大的痛苦。這種屈辱感與挫折感，是其他大猩猩或是任何野生動物所無法體會的。

直到一年半以前，我明明還在叢林裡過著幸福快樂的日子，沒想到就在短短的時間裡，事情發生了這麼大的變化。

到底是怎麼了？事情為什麼會變成這樣？

如今回想起來，那一天的事情，恐怕是這一切的肇因。

與一頭名叫艾薩克的大猩猩相遇的那一天，我的人生步上了完全不同的道路。

（待續）

作者謝辭

獲得梅菲斯特獎後，在單行本出版之際，我很榮幸邀請到了京都大學名譽教授，現任綜合地球環境學研究所所長的山極壽一老師負責監修工作。我相信老師一定非常忙碌，但他仍不辭辛勞地接受了這項委託。得益於老師的幫助，我能夠更準確地描述出大猩猩的生態。再次向老師表示感謝。

對於現實世界中類人猿與人權的關係感興趣的讀者，我建議閱讀參考資料中的《大型類人猿的權利宣言》，將能有更深入的理解。

最後，我要特別感謝可可和哈蘭貝。如果沒有這兩頭大猩猩，這部小說就不會誕生。

願所有的類人猿及所有的生命都能找到安息之所。